PAPO ASTRAL

Copyright © 2018 Carol Vaz
Copyright desta edição © 2018 Alaúde Editorial Ltda.

Todos os direitos reservados. Nenhuma parte desta edição pode ser utilizada ou reproduzida – em qualquer meio ou forma, seja mecânico ou eletrônico –, nem apropriada ou estocada em sistema de banco de dados sem a expressa autorização da editora.

O texto deste livro foi fixado conforme o acordo ortográfico vigente no Brasil desde 1º de janeiro de 2009.

Preparação: Aline Silva
Revisão: Raquel Nakasone, Patrícia Vilar (Ab Aeterno)
Capa, projeto gráfico e colagens: Amanda Cestaro
Imagem de capa: Vadim Sadovski (planetas), Gencho Petkov (nuvens)/ShutterStock.com
Imagens de miolo: Todas as imagens usadas nas colagens foram obtidas no banco ShutterStock.com
Impressão e acabamento: EGB – Editora e Gráfica Bernardi

1ª edição, 2018

Impresso no Brasil

Dados Internacionais de Catalogação na Publicação (CIP)
(Câmara Brasileira do Livro, SP, Brasil)

Vaz, Carol
    Papo astral : um guia astrológico para você se conhecer mais e tirar o melhor dos signos / Carol Vaz. - - São Paulo : Alaúde Editorial, 2018.

    ISBN 978-85-7881-498-4

    1. Astrologia 2. Astrologia - História 3. Mapa astrológico natal 4. Zodíaco I. Título.

17-11457	CDD-133.5

Índices para catálogo sistemático:
1. Astrologia 133.5

2018
Alaúde Editorial Ltda.
Avenida Paulista, 1337, conjunto 11
São Paulo, SP, 01311-200
Tel.: (11) 5572-9474
www.alaude.com.br

CAROL VAZ

PAPO ASTRAL

UM GUIA ASTROLÓGICO
PARA VOCÊ SE CONHECER MAIS E TIRAR
O MELHOR DOS SIGNOS

SUMÁRIO

6 APRESENTAÇÃO

9 INTRODUÇÃO

9 Quem inventou a astrologia?

10 O que é um mapa astral?

14 O mapa natal e o futuro

19 PARTE 1

AS CARACTERÍSTICAS BÁSICAS

21 Elementos

27 Polaridades

31 Qualidades

37 PARTE 2

CONFIGURAÇÕES PESSOAIS

39 Signo solar

67 Ascendente

97 Signo lunar

107 PARTE 3

PLANETAS PESSOAIS

109 Mercúrio e a comunicação

119 Vênus e o amor

131 Marte e a atitude

141 PARTE 4

PLANETAS INTERPESSOAIS

143 Júpiter e a expansão

149 Saturno e os obstáculos

155 Urano e a diferença

161 Netuno e a intuição

167 Plutão e a transformação

173 PARTE 5

CASAS ASTROLÓGICAS

175 As doze casas astrológicas

178 Casa 1 e casa 7 (eixo da justiça)

182 Casa 2 e casa 8 (eixo da vida)

186 Casa 3 e casa 9 (eixo do conhecimento)

190 Casa 4 e casa 10 (eixo da família)

194 Casa 5 e casa 11 (eixo do poder)

198 Casa 6 e casa 12 (eixo da doação)

203 PARTE 6

ASPECTOS

204 Conjunção, ou Stellium

206 Oposição

208 Quadratura

210 Trígono

212 Sextil

215 CONCLUSÃO

APRESENTAÇÃO

Olá, ser humano! Seja bem-vindo a uma grande viagem pelo universo da astrologia. Com este livro, você vai entender como esse conhecimento vem sendo desenvolvido ao longo de milênios e, ao fim da leitura, vai conseguir aplicar muitos dos conceitos em seu dia a dia. (Cá entre nós, se você for dedicado, vai saber ler um mapa astral.)

A astrologia é um conhecimento infinito. Ninguém sabe tudo, e um pouco mais de observação sempre vai revelar novos mundos. Para compreender astrologia, precisamos compreender a dimensão do cosmos, entender que somos influenciados pelos astros e está tudo bem. Você não é o centro do mundo, mas você é o seu centro e tudo interfere na sua energia. Conhecer as interações presentes no seu mapa astral vai ajudá-lo a viver plenamente todas as energias presentes no universo e, assim, tirar máximo proveito de suas melhores qualidades, usando até mesmo os "pontos de desafio" a seu favor. Em nosso mapa astral podemos encontrar potenciais, dificuldades, pontos de interesse, questões centrais na vida, formas de lidar com a espiritualidade etc. Enfim, encontramos nele um mapeamento da nossa vida ou de um acontecimento.

Infelizmente, a astrologia acabou sendo difundida, de forma errônea, como algo superficial, que reduz e resume as pessoas a poucas categorias, ou melhor, a apenas doze categorias: os signos solares. É claro que isso está longe de ser verdade, pois ela é muito mais rica e complexa.

Mas isso não significa que todos os seus conceitos sejam de difícil acesso.

O objetivo deste livro é ensinar os princípios básicos por trás desse conhecimento milenar para que o leitor possa ao menos ter um primeiro contato com a intrigante maneira como os astros interferem em nossa vida e em nossa personalidade.

Ao longo deste livro, vou ensinar o básico que você precisa saber sobre astrologia para conseguir ler um mapa astral: o que é um mapa natal, as qualidades básicas de cada signo e por que cada um de nós é muito mais do que o signo solar. Espero que, ao longo da leitura, você consiga fazer descobertas importantes sobre si mesmo e sobre as pessoas com quem convive. Espero também que eu consiga passar um pouco do meu amor pelo conhecimento transmitido pelos astros. Pronto para nossa jornada astrológica?

Boa leitura!

INTRODUÇÃO

Quem inventou a astrologia?

A astrologia existe desde o momento em que o ser humano ousou olhar para o céu. Com o tempo, os observadores do comportamento físico dos planetas notaram que certos movimentos planetários interferiam na vida humana de determinadas maneiras.

Por exemplo, foi-se percebendo nas pessoas traços similares de personalidade quando nasciam em momentos com aspectos planetários parecidos.

Embora os primeiros registros astrológicos tenham sido feitos pelos sumérios, povo que habitava o sul da Mesopotâmia por volta de 4000 a.C., a astrologia foi desenvolvida em várias outras civilizações. São exemplos disso a astrologia egípcia, chinesa, védica, indiana etc., e mesmo no Ocidente, na astrologia que conhecemos e utilizamos no dia a dia, há várias ramificações como astrologia tradicional, moderna, cármica, humanística, financeira, psicológica, médica, entre outras. Em toda civilização, localidade e época houve alguém que se aventurou a olhar para o céu e anotou os padrões e interferências em nossa vida neste minúsculo planeta.

É por isso que, durante muito tempo, a astronomia e a astrologia foram um único conhecimento. Até as palavras se parecem (as duas vêm do grego e significam "estudo dos astros"). Apenas no século 17, com o desenvolvimento científico e a ampla divulgação das novas descobertas por conta do surgimento da imprensa, houve essa "ruptura" entre os dois saberes.

Apesar de o desenvolvimento científico ter sido positivo em vários aspectos, também trouxe às pessoas um pensamento coletivo desconexo da natureza, acarretando consequências como grande poluição do ambiente, alimentação inadequada para o corpo humano e epidemias de novas doenças associadas ao estilo de vida, como a depressão e a ansiedade. Ao se afastar da natureza, o ser humano tem tido cada vez mais dificuldade de reconhecer sentido em sua existência.

Isso faz com que, aos poucos, os indivíduos e as sociedades estejam se abrindo novamente à ideia de que não podemos existir apartados do universo, de que não podemos destruir o meio em que vivemos, afinal, somos parte de um todo. A astrologia e outros conhecimentos holísticos como a medicina chinesa, que durante muito tempo foram hostilizados por grande parte da população ocidental, agora são vistos como uma grande chance de reconexão com a natureza.

É nesse novo e amplo movimento de busca por uma vida mais natural e integrada ao universo que a astrologia volta à tona. Parece que retornamos aos tempos em que astrólogos famosos trabalhavam para nobres e reis, auxiliando-os a se conhecerem, liderarem melhor diante de adversidades e se prevenirem de situações indesejadas.

A vantagem é que, hoje em dia, você não precisa ser um chefe de Estado para se beneficiar dos conhecimentos astrológicos, nem ter um astrólogo particular ao seu lado todos os dias. Um bom começo é familiarizar-se com seu mapa astral, que nada mais é que uma poderosa ferramenta de autoconhecimento. Com ele é possível se entender melhor, reconhecer suas necessidades, fragilidades, potencialidades, seus padrões energéticos e, principalmente, compreender maneiras de evoluir como ser humano.

O que é um mapa astral?

O mapa astral é um mapa da posição e da interação dos planetas (além do Sol e da Lua) em relação a um lugar específico da Terra em determinado momento. É um retrato do céu a cada instante, no qual os planetas são organizados de acordo com seu posicionamento nas doze constelações que formam o Zodíaco: Áries, Touro, Gêmeos, Câncer, Leão, Virgem, Libra, Escorpião, Sagitário, Capricórnio, Aquário e Peixes.

| Áries | Touro | Gêmeos | Câncer | Leão | Virgem | Libra | Escorpião | Sagitário | Capricórnio | Aquário | Peixes |

Dessa forma, um mapa astral consegue traduzir a energia de um instante, seja ele um nascimento ou uma ruptura. Cada momento tem uma energia que acaba por influenciar pessoas, situações ou interações que passam por aquele "portal" energético. Por isso, é de extrema importância que o horário esteja correto para a realização dos cálculos do mapa, já que a energia muda a cada instante.

Há muitas variações de um mapa astral: além do mais conhecido, que é o mapa natal, do instante do nascimento de uma pessoa, é possível fazer análises específicas sobre relacionamento (combinando dois mapas natais), carreira, espiritualidade etc. Também é possível fazer uma análise combinada entre o mapa astral do nascimento e o mapa do momento atual para avaliar as energias presentes no futuro de empresas, casamentos, pessoas, assinatura de contratos, eventos ou até mesmo de uma página do Facebook.

Tudo está escrito nas estrelas, só precisamos saber interpretá-las.

SERPENTÁRIO

Os astrônomos costumam criticar a astrologia por não incluir a constelação de Serpentário, mas posso afirmar que ela jamais será aceita pelos astrólogos como parte do Zodíaco, pois, em essência, representa a geometria divina, a perfeita simetria, os ciclos terrenos. Ela é a base do próprio estudo astrológico. É fato que Serpentário (também chamada de Ofiúco) realmente existe. Na verdade, há 88 constelações definidas pela União Astronômica Internacional. Por que ninguém fala das outras? Não faz sentido questionar a astrologia especificamente pela existência de Serpentário.

A imagem ao lado mostra tudo o que deve estar descrito em um mapa astral pessoal, ou mapa natal. Lembrando que usamos símbolos para representar os planetas físicos para você ter uma visão bem clara.

Como já foi dito, o mapa astral do nascimento é um mapa da posição dos planetas no local e no horário em que você nasceu. Com ele, conseguimos analisar as energias que interferiam no instante em que você chegava a este mundo.

Os planetas estão sempre em movimento. Podem fazer um movimento direto ou retrógrado – quando temos a impressão de que estão se movendo para trás –, mas nunca param. Cada movimento interfere na energia. Assim como uma pessoa a mais ou a menos afeta a energia coletiva em um grupo de amigos, por exemplo, a forma como os planetas estão posicionados em um mapa astral interfere diretamente em seu "todo". Ao longo do livro, vamos falar mais sobre as particularidades da dança dos planetas no mapa astral.

COMO CALCULAR UM MAPA ASTRAL

O propósito deste livro é introduzir os conceitos que regem a astrologia e a confecção de um mapa astral. Vou ensinar o básico para que você comece a entender e a fazer as suas próprias interpretações de mapas, mas calcular um mapa astral não é tarefa fácil. Como o resultado final depende da relação entre a posição dos planetas no momento do nascimento, há muita matemática envolvida.

Mas, Carol! Então como posso calcular meu mapa astral? O ideal é sempre consultar um astrólogo da sua confiança, mas há vários sites que fazem esse cálculo de forma gratuita na internet. Com as informações que vou passar adiante, você vai conseguir efetuar a leitura de qualquer mapa – e o que antes parecia só uma mistura bonita de formas ganhará muito significado.

Introdução 13

O mapa natal e o futuro

Para fazer uma previsão real dentro da astrologia, é possível adotar várias formas de análise, mas vou explicar a minha favorita: o mapa de trânsitos. Nele, analisamos o mapa natal, ou seja, o mapa do horário de nascimento de uma pessoa, e o mapa do agora ou do momento que queremos analisar. Então, verificamos as tendências geradas nessa "mistura" dos dois mapas.

Alguns trânsitos planetários são curtos, durando apenas horas, e outros são longos, podendo permanecer por décadas. Nesse modelo de mapa, podemos saber exatamente quando cada energia vai aparecer. Perceba que não falei "quando algo vai acontecer", e sim citei a questão energética. Cada trânsito vem com uma energia, uma renovação, uma missão de vida. É comum que alguns sejam mais árduos, que haja rupturas, enquanto outros apenas solidificam as coisas. Isso é normal e faz parte da vida: alguns dias serão mais tensos, outros, mais calmos. Mercúrio retrógrado é um dos trânsitos mais temidos porque dificulta a comunicação, que tende a ficar mais falha. Porém, como disse anteriormente, cada trânsito é um trânsito.

O importante é compreender que sempre podemos evoluir como pessoas e viver plenamente todos os momentos. Um mapa de trânsitos tem a ver com aceitar o agora e tirar o melhor proveito de sua energia, entende? Se você está passando por um momento de tensão, aproveite para desfazer os nós que estão atados. Se é um trânsito de dificuldade financeira, avalie bem o que deve ser mudado nesse aspecto da sua vida. Repensar hábitos sempre pode trazer boas reflexões, mais consciência e mudanças para melhor. Uma coisa é certa: jamais um trânsito vai atrapalhar a vida de alguém. O que acontece é que muitas vezes as pessoas precisam "perder para ganhar". E o resultado de um fim de ciclo é sempre outro ciclo. Essa é a melhor forma de compreender os trânsitos: entender o agora em relação ao seu mapa astral, que é único.

A astrologia nos ensina o que os sábios sempre souberam: existe hora de plantar e hora de colher. A Terra e a vida são regidas por ciclos. Nós usamos a astrologia para marcar as horas, contar o tempo, os ciclos solares e os ciclos lunares. Até os agricultores usam a astrologia. Você já reparou que o calendário astrológico nada mais é que uma forma de representar as estações do ano?

A imagem seguinte é um mapa de trânsitos, o verdadeiro horóscopo. Com ele, é possível identificar como os trânsitos planetários que estão ocorrendo no universo podem afetar você – e só você –, dependendo da interação com os elementos presentes no seu mapa astral.

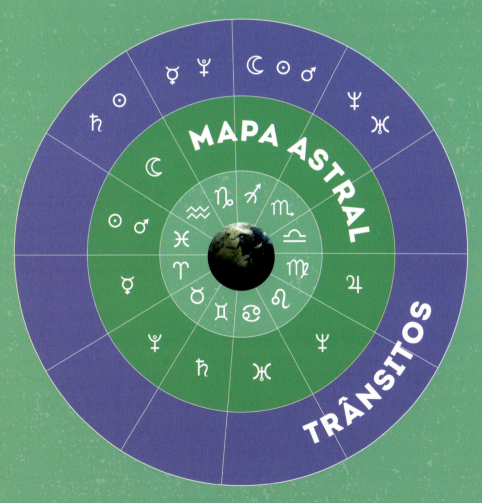

Introdução **15**

ALGUNS EXEMPLOS SOBRE TRÂNSITOS PLANETÁRIOS

Vamos analisar o trânsito do planeta Vênus:

QUANDO VÊNUS ESTÁ EM LIBRA

Nesse período, as pessoas tendem a buscar relações mais calmas e equilibradas e a ficar mais focadas nos relacionamentos.

QUANDO VÊNUS ESTÁ EM VIRGEM

Época em que as pessoas buscam melhorar suas relações. As "falhas" ficam mais evidentes e, por consequência, pode haver grande número de términos. As relações que sobrevivem com um "balanço positivo" se fortalecem para mais um ciclo anual.

QUANDO VÊNUS ESTÁ EM CAPRICÓRNIO

Essa fase tende a tornar as pessoas mais determinadas a firmar um compromisso sério.

Como você pode ver, são relações sincrônicas, e essa energia afeta todos.

Vejamos agora características do ciclo solar:

QUANDO O SOL ESTÁ EM ÁRIES

O ano astrológico se inicia quando o Sol entra no signo de Áries, no dia 21 de março. Olha que coincidência, não é mesmo? Justamente quando o ano realmente começa no Brasil e a economia aquece mundo afora.

QUANDO O SOL ESTÁ EM CAPRICÓRNIO

Durante a época de Capricórnio, de 22 de dezembro a 21 de janeiro, as pessoas ficam cheias de compromissos. Empresas organizam suas estratégias para o próximo ano. As pessoas fazem listas de novas metas e se aproximam das suas bases, a família. Ano após ano, são essas as mesmas atitudes coletivas.

QUANDO O SOL ESTÁ EM AQUÁRIO

Nesse período, de 21 de janeiro a 19 de fevereiro, as pessoas começam realmente a idealizar "um novo futuro": como ter novos resultados, como mudar situações que já viraram hábitos, como perder vícios... Ou seja, como fazer deste ano realmente novo.

Não leia horóscopo!

Os horóscopos de revista ou aqueles quadradinhos no final do jornal dando uma breve previsão do que pode acontecer no seu dia realmente não têm nada a ver com astrologia. Não dá para fazer uma leitura de previsões de uma forma tão genérica, levando em consideração apenas o signo solar. Até porque uma previsão assim tão rasa pode até atrapalhar o leitor.

Para uma análise astrológica séria, tanto do mapa natal como do mapa de certo período, convém consultar sempre um astrólogo profissional. Ele saberá levar em conta todas as variáveis que podem influenciar o resultado final da avaliação.

E fique atento: um astrólogo confiável nunca fará previsões do tipo "Isso vai acontecer com você". O trabalho dele é apontar tendências e orientar como você pode se preparar para aspectos negativos e se beneficiar dos aspectos positivos.

CONFIGURAÇÕES PESSOAIS

Há muitos elementos que devem ser levados em conta na hora de fazer a interpretação astrológica do mapa, mas, quando estamos falando da configuração da personalidade, os aspectos mais aparentes são o signo solar, o signo lunar e o ascendente. Mesmo que você não saiba o mapa astral inteiro de uma pessoa, já é possível compreender muito de seus valores, sentimentos e motivações só conhecendo esses três aspectos.

39 SIGNO SOLAR	67 ASCENDENTE	97 SIGNO LUNAR
42 Áries	72 Áries	98 Áries
44 Touro	74 Touro	98 Touro
46 Gêmeos	76 Gêmeos	99 Gêmeos
48 Câncer	78 Câncer	100 Câncer
50 Leão	80 Leão	100 Leão
52 Virgem	82 Virgem	101 Virgem
54 Libra	84 Libra	101 Libra
56 Escorpião	86 Escorpião	102 Escorpião
58 Sagitário	88 Sagitário	103 Sagitário
60 Capricórnio	90 Capricórnio	103 Capricórnio
62 Aquário	92 Aquário	104 Aquário
64 Peixes	94 Peixes	105 Peixes

SIGNO SOLAR

O signo solar é o mais visível do mapa astral. Ele é o centro da nossa personalidade. Uma pessoa facilmente demonstra seu signo solar com atitudes, pois sentimos a necessidade de expressá-lo. Tanto nossas maiores qualidades como nossos maiores desafios pessoais estão fortemente vinculados a ele.

Uma pessoa que não lida bem com seu signo solar acaba tendo vários problemas relacionados à autoestima, já que ele simboliza nossa essência.

Uma pessoa que nega o signo solar nega a si mesmo e paga caro, perdendo-se.

O importante é compreender a energia. Por exemplo, o signo de Aquário tem natureza revolucionária, gosta de quebrar os padrões e sempre está em busca de novidades. Quando uma pessoa com tal posicionamento no signo solar usa essas características de um jeito positivo, ela acaba sendo extremamente relevante, gerando mudanças de alto impacto nos grupos em que está inserida. Caso, porém, a pessoa esteja em uma fase inconsciente de suas atitudes, pode agir com rebeldia, sendo alguém incômodo, que, só por implicância, não segue padrões, gerando apenas desconforto.

Uma coisa é certa: todos nós temos a capacidade de agir no lado da luz e no lado da sombra, depende do momento em que estamos vivendo e do nosso nível de consciência. A tendência é que, com autoconhecimento e sabedoria, as atitudes sejam cada vez mais maduras e alinhadas à busca da elevação pessoal e social.

Agora vamos usar como exemplo o signo de Touro. As pessoas desse signo solar preferem vidas mais cômodas e estáveis. No passado, com os casamentos arranjados e matrimônios significando *status* para as mulheres, as taurinas eram rotuladas como interesseiras, dizia-se que só buscavam estar em situações de luxo. Esses eram os exemplos nos livros em que aprendi astrologia, por incrível que pareça. E isso foi no início do século 20, nem faz tanto tempo assim.

Hoje em dia, temos outra realidade, e as mulheres do signo de Touro passaram a ser vistas como pessoas estáveis, que buscam empregos mais tradicionais, carreiras mais sólidas.

Tudo isso para explicar que o signo solar é tão relevante que expõe características coletivas de grupos de pessoas.

Outro exemplo de signo solar com um estigma do passado que não faz mais sentido na atualidade é Sagitário, antigamente visto sempre como o viajante, ou nômade, uma pessoa sem raízes e aventureira. Se antes vagar pelo mundo era coisa de alguém sem bases, sem perspectiva, hoje, viajar é um desejo de grande parte da população, significa *status*. Viajar é sinônimo de sucesso.

Dessa forma, até mesmo a descrição do signo solar tem mudado, e tenho buscado trazer essas diferenças entre os livros mais antigos e a realidade atual nas informações que passo. Isso não quer dizer que a tendência energética de determinado signo tenha mudado, mas simboliza a importância da interpretação nas leituras astrológicas.

Mas por que falamos tanto do signo solar? Porque ele é o ponto de luz do mapa astral, o aspecto que mais se mostra, inevitável, impossível de negar. Ele simplesmente representa as maiores qualidades e os maiores defeitos de uma pessoa. De posse dessa informação, temos estratégias para agradar ou desagradar qualquer um.

Quando tinha 15 anos e comecei a estudar astrologia, tinha o hábito de, com um grupo de amigos que gostavam do assunto, analisar as pessoas em festas e, depois, passar de grupo em grupo perguntando o signo delas, fazendo apostas. No fim da festa, nossa taxa de acerto era de 80%. As pessoas deixam transparecer muito o signo solar.

Como podemos ver, a vantagem principal de conhecer astrologia é saber a essência energética – dos outros e a sua própria. Voltada para o autoconhecimento, a astrologia permite identificar seu ponto de força. Por exemplo, uma pessoa com Aquário no mapa explora seu ponto forte quando leva uma vida em que as questões sociais são debatidas, seu trabalho lida com várias pessoas e opiniões e ela consegue ser altruísta em relação à humanidade. Se, porém, em algum momento, sua vida se distancia muito dessas questões, pode entrar em colapso e só se restabelecer quando voltar a suas origens energéticas.

O signo solar é ainda mais visível entre os 13 e os 25 anos, pois até os 12 anos o signo lunar prevalece. O ascendente começa a se consolidar após os 25 anos. Então, um adulto não terá mais características tão fortes do signo solar caso tenha outro elemento predominante.

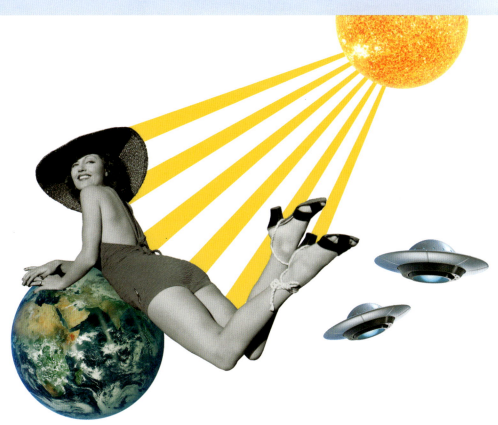

Configurações pessoais 41

SIGNO SOLAR EM ÁRIES

Áries é o primeiro signo do Zodíaco. Ele representa o início das coisas, o primeiro passo, o pioneirismo. É natural que as pessoas com esse posicionamento solar ou com Áries forte no mapa astral sintam enorme prazer em iniciar as coisas. São pessoas que conseguem impulsionar uma ideia ou um movimento sem grandes dificuldades; são líderes naturais. Essa é uma energia essencial para que as coisas se movimentem.

Arianos são carismáticos e adoram novos projetos, mas têm dificuldade em administrar – e por isso talvez achem difícil manter as ideias que ajudam a começar.

A forte energia e a vitalidade são outras de suas características. Pessoas com o signo solar em Áries são muito agitadas e têm tendência à hiperatividade. Nunca param quietas (a não ser com ajuda de outros aspectos, como o ascendente em Touro, por exemplo).

Para compreender esse signo, imagine uma criança descobrindo o mundo, aprendendo cada coisa, cada detalhe com um total desconhecimento da vida, com um olhar ingênuo e gentil. Tenho visto que muitos arianos têm maior dificuldade em lidar com a vida adulta e em aceitar a realidade por conta da perda desse encanto do desbravamento. Para os arianos, é de extrema importância obter novas conquistas, buscar novos lugares, novos impulsos, novos sabores.

Ao mesmo tempo, Áries pode ser incompreendido por muitas vezes agir impulsivamente. A verdade é que os arianos fazem o que sentem, e não costumam pensar muito antes de

21 DE MARÇO A 19 DE ABRIL
POLARIDADE: POSITIVA
ELEMENTO: FOGO
QUALIDADE: CARDINAL
PLANETA REGENTE: MARTE

tomar atitudes. Claro que a vida acaba cobrando caro por certas ações. Com esse jeito impetuoso, podem acabar magoando quem está em volta ou ter dificuldade em construir relações harmoniosas.

Podem parecer pessoas mandonas, mimadas ou infantis por quererem tudo do seu modo. Muitas vezes simplesmente não sabem explicar o motivo de quererem algo diferente. A tendência do ariano a sempre entrar em conflito acaba sendo um ponto frágil, pois fica evidente que basta "apertar o calo" para provocar uma reação agressiva.

Uma pessoa com muito Áries no mapa precisa desenvolver sua comunicação, aprender a negociar com o outro e a exercitar a paciência.

Para esse signo, a inteligência emocional é um grande desafio – e também uma arma secreta. Imagine só um ariano, com atitude, com vontade de fazer acontecer, que também tem inteligência emocional... Falta pouco para dominar o mundo. É justamente esse ponto que Áries deve aprender com o seu oposto astrológico, Libra, signo que naturalmente pensa antes de agir (veja mais sobre signos opostos na p. 206).

No fundo, com essa paixão pela vida, Áries consegue ser muito carismático e ágil, e adquirindo algumas outras habilidades que minimizem suas fraquezas – egoísmo, egocentrismo, impetuosidade – certamente conseguirá desenvolver a capacidade de liderança e ter resultados muito bons nos diversos aspectos da vida.

SIGNO SOLAR EM
TOURO

Touro é o segundo signo do Zodíaco. As pessoas que nascem sob sua regência, ou que têm esse signo muito presente no mapa, costumam ser tranquilas e estão sempre em busca de conforto. Certamente, o signo de Touro é o mais adaptado à vida terrena.

Como conhecem o tempo natural das coisas, são pessoas pacientes, sabem realmente esperar. Vivem o presente e não se incomodam tanto com os contratempos da vida como os outros signos. Tudo para eles é natural, é simplesmente a vida sendo como ela é. Tendem a aceitar mais a sua realidade. De certa maneira, pessoas com esse aspecto ignoram o lado de fora e se concentram mais em seus aspectos internos, o que é uma forma prática de viver.

Taurinos são comumente representados como aqueles que gostam muito de comer e dormir, já que esses são os prazeres mais naturais da vida. Costumam ser pessoas simples, que vivem focadas no que é realmente importante para elas.

Por outro lado, a Touro também é atribuída a sensação de apego, pois é um signo que gosta de manter as coisas como estão e tem dificuldade de aceitar mudanças. O próprio cotidiano do taurino costuma ser estruturado em rotinas fechadas, e dificilmente estão dispostos a modificar sua forma de viver.

Esse certamente é, ao mesmo tempo, o ponto mais forte e mais fraco dos taurinos. Apesar de terem muita força de vontade e conseguirem ser constantes quando querem atingir determinado resultado, podem perder oportunidades pela relutância em se abrir para o novo.

20 DE ABRIL A 20 DE MAIO
POLARIDADE: NEGATIVA
ELEMENTO: TERRA
QUALIDADE: FIXO
PLANETA REGENTE: VÊNUS

Sentem muita resistência para arriscar, sempre tentando se manter na zona de conforto. Todas as mudanças acontecem de forma lenta e há certa dificuldade ao lidar com grandes rupturas, como término de namoro, perda de emprego, mudança de endereço... Pessoas com esse signo ou com grande influência dele no mapa astral podem passar muito tempo digerindo as mudanças de ciclo inevitáveis da vida.

De todo modo, são pessoas conhecidas por serem carinhosas e amistosas. Gostam de estar sempre próximas aos seus e são protetoras a ponto até de romperem o padrão pacato para defender alguém ou um ponto de vista em que acreditam. Costumam preferir relações mais íntimas, não sendo muito socialmente abertas, apesar de serem pessoas tranquilas.

Comumente, pessoas com esse aspecto forte conseguem chegar longe nos negócios. São estudiosos e entendem as regras do jogo. Transitam pela vida respeitando as regras e colhendo seus frutos sem pressa. Eles enxergam longe e aproveitam cada dia. Para conseguir uma boa convivência com taurinos é preciso deixá-los em seu mundo e não bater de frente, respeitar o tempo deles.

O desafio é ter cuidado para não se fechar demais e acabar tendo uma vida limitada por medo de mudanças.

SIGNO SOLAR EM GÊMEOS

Gêmeos é o terceiro signo do Zodíaco. São pessoas leves e comunicativas. Para o geminiano, a motivação da vida é aprender e ter experiências. Levam a vida como querem e por isso podem ser incompreendidos pelos outros.

Como vivem intensamente no mundo das ideias, geminianos podem ter problemas em transitar pela realidade. É importante que eles busquem ter mais os pés no chão para cumprir seus objetivos e, de fato, realizar seus sonhos.

As pessoas desse signo demoram a se comprometer realmente com algo, já que sempre buscam ver todos os lados, todas as ideias, todas as opiniões e todos os pensamentos sobre certo assunto. Não são indecisos, mas gostam de obter informações dos vários ângulos possíveis.

Geminianos gostam de trocar ideia e explorar várias áreas do conhecimento.

Pode parecer estranho, mas, para eles, isso é o essencial. Mesmo quando são mais financeiramente ambiciosos, a principal motivação sempre será aumentar seu leque de possibilidades e experiências.

Eles levam a sério o mundo das ideias e o domínio do intelecto.

Como se interessam por muitas coisas, é comum ver geminianos trabalhando em áreas totalmente distintas, mas seu principal talento é o dom da comunicação, e precisam

21 DE MAIO A 20 DE JUNHO
POLARIDADE: POSITIVA
ELEMENTO: AR
QUALIDADE: MUTÁVEL
PLANETA REGENTE: MERCÚRIO

realizar suas atividades em áreas em que possam aplicar suas ideias. Costumam ser bons negociadores e se dão bem em atividades vinculadas ao comércio e às vendas.

Não é difícil perceber que pessoas desse signo podem ter dificuldades em lidar com o real, a rotina e o dia a dia. Precisam de espontaneidade e, na falta dela, podem ter uma sensação de sufocamento. Amam sua liberdade e qualquer tentativa de tirá-la pode ser o fim de uma relação. Diferentemente dos taurinos, geminianos têm grande dificuldade em lidar com a vida na Terra e com as leis que a regem. Eles pensam muito rápido e nem sempre conseguem executar as ideias em seu tempo. Seu *timing* é mais veloz que a vida. Sempre têm aquela ideia nova que as outras pessoas não entendem sequer de onde surgiu.

É importante aos geminianos desenvolver a resiliência e a paciência de esperar o tempo das coisas. Caso contrário, tornam-se pessoas ansiosas e impacientes.

De todo modo, os geminianos têm várias habilidades admiradas pelas pessoas: são carismáticos, desinibidos e adoram se comunicar. Geralmente falam bem em público e também têm grande capacidade de ouvir os outros.

Um aspecto de Gêmeos no mapa astral pode modificar muito as características de uma pessoa que seria naturalmente mais fechada, tornando-a mais sociável e desenvolta.

SIGNO SOLAR EM
CÂNCER

Câncer é o quarto signo do Zodíaco. As pessoas desse signo são muito emocionais e criam vínculos facilmente. Gostam de intimidade e são muito próximas à família. Costumam ter uma forte ligação com a mãe.

São pessoas cuidadosas, afetivas e que se importam com o sentimento dos outros. Tomam cuidado com o que vão falar e, por esse motivo, tendem a ficar muito magoadas com palavras ditas de forma grosseira. Para os que têm Câncer no mapa astral ou muitos aspectos ligados a esse signo os sentimentos são as coisas mais importantes da vida.

É comum cancerianos sonharem em construir uma família. Gostam de dar muito carinho às pessoas próximas. Tudo de que eles possam cuidar será bem cuidado.

Raramente encontramos cancerianos desleixados. Estão sempre bem-arrumados, assim como o lar onde vivem, seu templo sagrado. Levam essa característica também para o trabalho e, como realmente se importam com os assuntos da empresa, costumam ser bons gestores e bons funcionários. Aliás, é comum cancerianos liderarem empresas familiares.

As pessoas que têm esse Sol devem procurar frequentar ambientes sossegados, lidar com pessoas calmas e viver com pouca pressão. Precisam de espaços onde fiquem emocionalmente seguras, caso contrário se sentem ameaçadas e vulneráveis.

> **21 DE JUNHO A 22 DE JULHO**
> **POLARIDADE: NEGATIVA**
> **ELEMENTO: ÁGUA**
> **QUALIDADE: CARDINAL**
> **PLANETA REGENTE: LUA**

É aconselhável que realizem atividades tranquilas e de lazer, principalmente, em contato com a natureza. Ter uma horta ou animais de estimação pode dar bastante vivacidade a um canceriano.

Como têm tendência ao apego, surgem dificuldades em lidar com mudanças, principalmente quando são mudanças ligadas às relações. Fazer uma viagem ou mudar de cidade podem ser situações muito delicadas para um canceriano.

Para uma vida equilibrada, é importante que os cancerianos busquem ser mais independentes e, sempre que possível, fazer boas escolhas quando se trata do seu círculo de convivência, já que são muito sensíveis. Respeitar seus sentimentos e ir em busca de suas necessidades é de extrema importância. Câncer é o signo da memória, sempre se lembra de tudo. Isso porque, como são mais afetivos, associam todos os momentos a fortes sentimentos.

Quando em desequilíbrio podem ser instáveis emocionalmente, guardar rancor ou mesmo desejar se vingar das pessoas por quem se consideram agredidos. É importante tomar cuidado para não alimentar emoções negativas. Elas podem crescer ao ponto de serem maiores que o próprio canceriano.

SIGNO SOLAR EM LEÃO

Leão é o quinto signo do Zodíaco. Leoninos são fortes, confiantes e estáveis. Ótimos gerentes, gostam de manter as coisas em perfeita harmonia e também são centralizadores. Costumam viver em prol do seu "castelo", seja ele sua família ou seu trabalho, e nada impede que cuidem bem dos dois reinos. Enxergam-se como reis, com a missão de reunir e proteger tudo com o que se importam em um círculo no qual ocupam o ponto central.

Têm muita energia para agir em situações adversas por serem de fogo. No entanto, mesmo conseguindo lidar bem com mudanças, preferem que elas não aconteçam.

Leoninos costumam ser exigentes. De um jeito positivo, essa característica contribui para a melhor execução e o domínio de suas atividades. Em desequilíbrio, porém, podem se tornar egoístas e autoritários.

Leoninos são pessoas intensas e não têm vergonha de ser quem realmente são. Têm personalidade forte e não se escondem de nada nem de ninguém. Quando se sentem valorizados, são pessoas altamente generosas e que fazem tudo pelos seus; quando não, são capazes de criar um verdadeiro *show* de horrores. São frios e insensíveis, grosseiros, uma verdadeira máquina de destruição.

É um signo muito vinculado ao coração e às emoções fortes. Quando amam se entregam totalmente; quando não gostam, desprezam totalmente.

23 DE JULHO A 22 DE AGOSTO
POLARIDADE: POSITIVA
ELEMENTO: FOGO
QUALIDADE: FIXO
PLANETA REGENTE: SOL

Por outro lado, também é um signo simples. Assim como Touro, Leão é um signo que busca somente viver em paz e ter controle de todos os aspectos da sua vida.

Seus nativos costumam ser alegres e entusiasmados, sempre com um sorriso no rosto e transbordando positividade. Dificilmente você irá encontrar um leonino que seja mais quieto, só quando tiver muitos aspectos em signos de terra e de água no mapa astral. São muito seguros de si e não aceitam nenhum tipo de intromissão em sua vida. Gostam de fazer o que querem e valorizam os prazeres. Ter o signo de Leão forte no mapa indica poder, segurança para fazer o que quiser e capacidade de direcionar os outros a quererem o mesmo.

Leoninos são bem focados e apaixonados pelo que fazem; se sentem insatisfação em um projeto apenas o interrompem. Levam a vida a seu modo e, mesmo que por algum momento tentem se adaptar a um meio, rapidamente acabam impondo suas regras ao ambiente. O perfil de liderança leonino se deve à falta de medo do que pode acontecer, à coragem de assumir as consequências independentemente do que vier.

Só é preciso refletir sobre essa coragem de viver de acordo com suas próprias regras, pois essa característica pode facilitar o acúmulo de inimizades.

SIGNO SOLAR EM
VIRGEM

Virgem é o sexto signo do Zodíaco. Simboliza a pureza e o perfeccionismo.

As pessoas com Virgem forte no mapa astral tendem a ser polidas e reservadas. Costumam não gostar de aparecer e, mesmo quando não estão em evidência, prestam atenção em tudo o que acontece ao seu redor. São meticulosas e analíticas.

Os virginianos buscam ter uma vida impecável de acordo com sua visão de mundo, que, claro, difere para cada pessoa, dependendo das crenças, valores e cultura. Assim, para compreender um virginiano é só buscar entender o contexto familiar em que ele foi criado. Geralmente seguem os passos dos pais.

Como quem tem esse Sol "compra" certos valores, essas crenças são usadas como parâmetro para avaliar os outros. Podem ser pessoas de mente muito fechada, que respeitam apenas quem pensa igual. Mesmo que tendam a ser estudiosos, podem adotar um viés e acabar negando os outros lados. É importante ter cuidado com isso para não viver uma vida limitada em um mundo restrito.

Buscam agradar sua família e a si próprios, trabalhando sempre para serem melhores tanto na vida pessoal como na profissional. Costumam seguir ordens facilmente e buscam fazer exatamente o que lhes é pedido.

23 DE AGOSTO A 22 DE SETEMBRO
POLARIDADE: NEGATIVA
ELEMENTO: TERRA
QUALIDADE: MUTÁVEL
PLANETA REGENTE: MERCÚRIO

Também é comum pessoas com grande influência desse signo no mapa astral serem altamente críticas com os outros – e também consigo mesmas. Elas só esquecem que os outros não são seu reflexo, e com isso podem irritar as outras pessoas. Ao nativo desse signo, é importante ter consciência de que cada pessoa tem sua opinião e que toda opinião é limitada por um ponto de vista: se você não gosta de algo isso não é a verdade do universo, é apenas uma opinião pessoal e, dependendo do caso, quando não há nada de construtivo nas palavras ditas, é melhor ficar quieto.

Frequentemente recebo reclamações de virginianos a respeito de não conseguirem aumentos ou melhores cargos mesmo se considerando funcionários dedicados, eficientes e muito acima da média. E a questão é bem simples: raramente virginianos são "políticos". É necessário aprender a lidar com as regras do jogo social. Quando se esforçam, conseguem contornar esse (ou qualquer outro) problema, sem deixar de achar tudo muito enfadonho, claro.

Virginianos preferem relações íntimas e não costumam se abrir facilmente. Não conseguem ser levianos. Por outro lado, se você cair em seus encantos, provará de atenção e cuidados autênticos.

Configurações pessoais

SIGNO SOLAR EM LIBRA

Libra é o sétimo signo do Zodíaco. Librianos buscam o equilíbrio em tudo. Evitam conflitos a todo custo e muitas vezes acabam se deixando de lado para agradar o outro.

Mas também pode ser um signo muito controverso. Além do lado polido, bonzinho, que busca agradar, librianos também podem manipular as pessoas para fazê-las agirem como eles querem. Transitam entre um comportamento e o outro no decorrer da vida.

No entanto, essencialmente, para Libra, o importante é manter um bom clima, um ambiente harmônico. Claro que isso também depende do equilíbrio da pessoa, mas, de modo geral, seu ponto forte é a própria inteligência emocional. Buscam estar em paz consigo e viver em um ambiente agradável.

Facilmente você encontra pessoas desse signo bem-arrumadas, cheirosas e bem--vestidas. São vaidosas e se ocupam em estar na sua melhor aparência.

O fato é que o mundo ideal de Libra acaba sendo distante da realidade, pois desejam que todos sejam gentis e tranquilos, pessoas altamente civilizadas.

É grande o contraste desse signo com os outros do Zodíaco. Recentemente, fiz uma série chamada *Sexo e poder* de cada signo no meu canal no YouTube, e o vídeo de Libra

23 DE SETEMBRO A 22 DE OUTUBRO
POLARIDADE: POSITIVA
ELEMENTO: AR
QUALIDADE: CARDINAL
PLANETA REGENTE: VÊNUS

tem mais que o dobro de visualizações que os de outros signos, uma clara indicação da preferência das pessoas por Libra em relacionamentos. Libra cria esse mundo encantado e acaba por encantar as outras pessoas, que compram esse ideal fascinante de mundo harmônico.

Além de parceiros, librianos também são ótimos líderes por serem calmos, bons ouvintes, negociadores e charmosos. São extremamente carismáticos, e esse é um traço que vai se destacar em todos os aspectos do mapa astral.

O desafio para as pessoas que têm esse signo presente no mapa é tomar decisões baseadas em suas próprias vontades e reduzir as expectativas em relação aos outros. Como pensam muito na opinião alheia podem ser altamente influenciáveis, mas também buscam agir de uma forma ética para não influenciar erroneamente outras pessoas.

SIGNO SOLAR EM
ESCORPIÃO

Escorpião é o oitavo signo do Zodíaco. As pessoas com Escorpião muito presente no mapa astral são intensas e têm um olhar característico. São pessoas focadas e profundas, que normalmente sabem o que querem. O escorpiano vive intensamente, trabalha intensamente e é intenso no amor e na vida espiritual.

É comum pessoas com grande presença de Escorpião no mapa serem "anjos" ou "demônios": claramente escolhem um lado e são intensas nessa decisão.

O curioso é que Escorpião em si não demonstra um caminho ou uma característica no mapa astral, apenas mostra impetuosidade. É como potencializar características já existentes ali.

Por exemplo, uma pessoa com Sol em Áries e ascendente em Escorpião será muito inquieta, mais ainda do que um ariano com outro ascendente. Já um escorpiano com ascendente em Peixes será ainda mais emocional do que se tivesse outro ascendente na combinação.

Escorpião reforça tudo, aflora, dá expressividade, deixa à flor da pele.

A quem tem aspectos de Escorpião é de extrema importância buscar algum nível de equilíbrio, pois uma vida de fortes emoções acaba favorecendo o desenvolvimento de doenças. Vejo frequentemente pessoas com Escorpião forte no mapa,

23 DE OUTUBRO A 21 DE NOVEMBRO
POLARIDADE: NEGATIVA
ELEMENTO: ÁGUA
QUALIDADE: FIXO
PLANETA REGENTE: PLUTÃO

e principalmente quando esse é o aspecto solar, reclamando de dores físicas ou mesmo somatizando esse desequilíbrio.

Viver intensamente parece uma boa máxima, mas, na realidade, uma vida muito intensa pode trazer sérios problemas pessoais e sociais.

Esta é a fama de Escorpião: "Eita, Escorpião?!", "Pessoa perigosa...".

Escorpianos geram um receio automático nos outros. Isso até pode ser encarado como uma forma de poder, mas poder pelo medo não é poder, é tirania.

É importante que as pessoas com presença de Escorpião no mapa astral desenvolvam boas relações e aprendam a viver com mais leveza.

Ao mesmo tempo, é visível a inteligência natural do escorpiano em analisar o outro, ter um *feeling* capaz de captar o que não foi expresso, quase entrando na mente do outro.

Com alguma inteligência emocional, o escorpiano consegue conquistar uma vida abundante em diversos aspectos: financeiro, emocional e espiritual.

Será que a busca de Escorpião não seria a abundância? Ser abundante não é ser extremo, são conceitos diferentes. Quando um escorpiano entende essa diferença, consegue, literalmente, dominar o mundo – Bill Gates que o diga.

SIGNO SOLAR EM
SAGITÁRIO

Sagitário é o nono signo do Zodíaco. Pessoas com muito Sagitário no mapa astral costumam ser alegres e desenvoltas. Esse signo carrega em si muita energia e vivacidade. É comum a quem tem muito de sua energia viver intensamente e se guiar pelos seus sonhos. Podem ser pessoas demasiadamente idealistas e terem o impulso de agir sem avaliar as consequências de suas ações.

São extremamente inteligentes, porém podem perder o senso de realidade quando ficam obcecados por alguma ideia. A energia de Sagitário está muito focada na fé, em um ideal, em um sonho. Pessoas com posicionamentos fortes em Sagitário costumam ser alegres e proativas; parece que nunca se cansam. Em caso de desequilíbrio, existe uma forte tendência a atitudes desregradas, falta de limite e abuso de drogas.

Como é um signo imaginativo, que olha para o que ainda não existe, para Sagitário pode ser difícil viver na realidade terrena, onde o signo de Touro parece se dar tão bem. São formas diferentes de ver a vida, e essa natureza precisa ser respeitada.

22 DE NOVEMBRO A 21 DE DEZEMBRO
POLARIDADE: POSITIVA
ELEMENTO: FOGO
QUALIDADE: MUTÁVEL
PLANETA REGENTE: JÚPITER

A missão dos sagitarianos é levar a humanidade para a frente. Ensinar as pessoas a acreditarem em si e nas possibilidades da vida.

Como Sagitário, no geral, é um signo de fé e muito espiritualizado, pode parecer meio "sem noção da realidade". Mas, cada vez mais, a ciência comprova o valor da fé. A fé move montanhas. Chegamos aonde acreditamos que podemos chegar. As crenças são mais fortes até que a própria personalidade do indivíduo.

Esse é o diferencial de Sagitário. Eles acreditam. E quando alguém acredita no outro, sentimentos negativos como dor, perturbação e vergonha se anulam.

Assim, seriam sagitarianos gênios ou loucos? E quem disse que a vida é excludente? Creio que seja melhor aceitar os dois lados da questão.

SIGNO SOLAR EM
CAPRICÓRNIO

Capricórnio é o décimo signo do Zodíaco. É conhecido por ser o mais focado e comprometido com suas metas. São fortes, do tipo que não desistem jamais. Também são muito vinculados à família e têm uma postura protetora e controladora.

Sua missão na Terra é construir, executar, fazer as coisas andarem. É bem fácil ver gerentes de Capricórnio, pois são pessoas muito aplicadas.

Os que têm muito desse signo no mapa são diretos, não gostam muito de rodeios e podem ser pouco empáticos em uma conversa. Por isso, podem aparentar estar sempre buscando uma maneira de se beneficiar diretamente com as coisas.

Capricórnio tende a seguir em uma linha reta, em um movimento constante e intenso.

É comum que as pessoas com esse signo forte ou com Lua em Capricórnio tenham uma enorme dificuldade de lidar com suas próprias emoções. Buscam sempre ser mais fortes que os outros, como se estivessem constantemente competindo.

Capricórnio é um signo muito analítico. Logo cedo entende as "regras da vida" e, para obter o melhor resultado, busca fazer tudo seguindo-as. A dificuldade é que, quando se torna adulto, as regras mudam, e a vida não é um jogo.

O problema de suprimir as emoções é que isso pode gerar um grande desequilíbrio emocional, que, às vezes, até se manifesta em sintomas físicos.

Mesmo que exista o lado intuitivo, é importante se permitir outras vivências: lidar com os sentimentos, demonstrar suas emoções e se conectar verdadeiramente com as outras pessoas.

22 DE DEZEMBRO A 19 DE JANEIRO
POLARIDADE: NEGATIVA
ELEMENTO: TERRA
QUALIDADE: CARDINAL
PLANETA REGENTE: SATURNO

Capricórnio tem o dom da concentração. Quando uma pessoa com aspectos fortes desse signo consegue desenvolver outras habilidades, como imaginação e equilíbrio emocional, pode ter resultados profissionais e pessoais incríveis, já que são bem dedicados.

Mas para tudo é preciso moderação. Não dá para pensar o tempo todo em ser apenas prático. É preciso viver também!. Se exaurir no trabalho é um erro bem comum nos tempos atuais e Plutão, que é um planeta geracional (veja mais na p. 167), está em Capricórnio, então existe um excesso dessa energia na Terra. Os capricornianos são os mais afetados, impondo-se altas cobranças.

É importante viver para si e pelo que acredita. Tudo o que for oposto disso tem um preço caro, e se paga com a saúde, com a insatisfação, com uma vida sem propósito...

Como gosta de construir, Capricórnio pode ser muito atrelado a ideias materialistas, como "pagar as contas" ou "ficar rico". Mas é preciso atenção: isso pode facilitar, mas não alimenta a vida. Existem outras riquezas a serem exploradas, como conhecimento, espiritualidade, felicidade, autoconhecimento...

O equilíbrio é sempre a maior virtude. Capricornianos que conseguem entrar em contato com o seu lado emocional conseguem usar essa grande habilidade de fazer as coisas acontecerem para ter uma vida próspera e plena.

SIGNO SOLAR EM AQUÁRIO

Aquário é o décimo primeiro e, de longe, o signo mais diferente do Zodíaco – com motivações pouco convencionais e interesses muitas vezes excêntricos.

É o signo mais vinculado à genialidade e à loucura. Aquarianos agem fora da curva e pensam fora da caixa, buscando mudar os ambientes e dar às pessoas uma nova perspectiva do que é viver.

Esse signo está ligado à casa astrológica 11 (veja mais na p. 196), a casa pública, dos grupos, das amizades e das relações com colegas de trabalho, o que o vincula à "inteligência coletiva". Por isso, aquarianos pensam sempre no social e se interessam pelo que acontece no mundo. Aquário faz parte do eixo do poder com seu signo oposto, Leão (confira na p. 206).
O lado Aquário do poder está vinculado ao poder do povo, das comunidades, do grupo.

Como é um signo fixo, existe uma tendência a pensamentos extremistas, e facilmente encontramos um aquariano discutindo política com outro aquariano calorosamente. Aquarianos gostam de assuntos culturais como bandas desconhecidas do grande público e têm apreço por tudo o que é mais diferente.

20 DE JANEIRO A 18 DE FEVEREIRO
POLARIDADE: POSITIVA
ELEMENTO: AR
QUALIDADE: FIXO
PLANETA REGENTE: URANO

Podemos ver que a energia aquariana é bem complexa, tem muitos lados e pontos de vista.

Nativos desse signo têm grande capacidade de liderança e empatia quando se fala de situações coletivas, de missão social, de evoluir a sociedade. Mas... e quando isso não acontece? O aquariano vira uma pessoa rabugenta e muito crítica. Tende a se isolar e a "demonizar" a sociedade em que vive, focando nos aspectos negativos. De certa forma, se voltando contra sua própria natureza. E claro, não é de se estranhar que, quando se nega sua missão de vida, as coisas andem para trás e a vida fique bem difícil.

Também é comum entre os aquarianos uma arrogância intelectual, agindo como se apenas o seu próprio ponto de vista fosse relevante, se afastando da sua essência, que é coletiva.

Quando o aquariano está equilibrado, porém, faz jus a seu regente, Urano, que foi descoberto com o Iluminismo e o início da ciência moderna. Aquário é um signo de soluções impossíveis, de questionamento, de observação.

♓ SIGNO SOLAR EM PEIXES

Peixes é o décimo segundo – e último – signo do Zodíaco. Há quem fale que está vinculado ao último estágio da vida, que é a espiritualidade. Ao contrário de Sagitário, que busca compreender racionalmente a fé e viver novas experiências, o signo de Peixes é mais conectado ao universo. Simplesmente acredita.

Piscianos são pessoas emocionais, porém dispersas e que fogem totalmente da lógica dos outros signos de água. Câncer e Escorpião se guiam pela memória afetiva; Peixes vive, não guarda, não lembra e segue vivendo. Como alguém pode se vincular emocionalmente sem se apegar? Nem os piscianos sabem responder a essa pergunta.

O fato é que os nativos desse signo são pessoas mais espirituais e empáticas do que o normal e têm a capacidade de desapegar-se facilmente do passado e de emoções negativas.

Mas é claro que nem tudo são flores. Quando desequilibrados, os piscianos podem usar suas habilidades para prejudicar alguém emocionalmente. Como são desapegados e sabem demonstrar sentimentos, conseguem se tornar pessoas manipuladoras e, posteriormente, seguir a vida também sem se prender a nenhuma situação.

Costumo dizer que o Zodíaco vai até Capricórnio porque, na minha opinião, os dois últimos signos, Aquário e Peixes, são os de mais difícil compreensão – e por isso são fascinantes. Eles fazem parte de outro sistema.

19 DE FEVEREIRO A 20 DE MARÇO
POLARIDADE: NEGATIVA
ELEMENTO: ÁGUA
QUALIDADE: MUTÁVEL
PLANETA REGENTE: NETUNO

Quem é de Peixes acredita, tem fé e faz. Num mundo ideal, de pessoas boas e genuínas, as tendências piscianas certamente seriam as mais positivas, simpáticas e amorosas do mundo. Já em uma sociedade caótica, que preza a competição, Peixes pode se desequilibrar e tem, sim, potencial para ser o signo mais perigoso com o qual lidar – até mais que o temido Escorpião. Escorpião é óbvio e declara guerra. Peixes pode demonstrar afeto por décadas, mas armar algo sem deixar transparecer. As energias são proporcionais: não existe signo malzinho ou bonzinho. Assim como pessoas boas de Peixes são realmente as mais amáveis e amistosas, quando dão vazão ao seu lado negativo podem ser extremamente frias.

Mais uma vez fica a mensagem de que o importante é o equilíbrio. Afinal o desequilíbrio nada mais é do que um processo contínuo de autodestruição, até que se externaliza.

É importante que os piscianos busquem energias leves e afetuosas, pois são extremamente influenciáveis às vibrações energéticas.

ASCENDENTE

O signo ascendente é definido pelo horário de nascimento. Cada signo fica por duas horas na posição de ascendente (pensando a partir do signo solar). Além do horário, outro fator que influencia essa característica é o local de nascimento, por conta do fuso horário. Por exemplo: uma pessoa que nasce quando o Sol está em Touro às 4 horas da manhã no Japão terá um ascendente diferente de quem nasce às 4 horas no Brasil. E mesmo se o nascimento for no mesmo local, uma pessoa que nasce às 6 horas quando o Sol está em Touro não terá o mesmo ascendente de quem nasce às 6 horas quando o Sol está em Libra.

Por isso, para ter certeza de que o seu ascendente está correto, é importante fazer o cálculo em um software ou site confiável – ou se consultar com um astrólogo de confiança.

De todo modo, esse cálculo está baseado em regras que todo mundo pode aprender. Vamos calcular?

Cálculo do ascendente

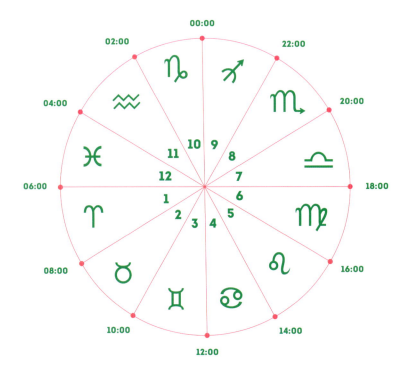

Passo nº 1: Localize o seu signo solar na mandala astrológica e veja qual número corresponde a ele. O número correspondente a Libra, por exemplo, é 7.
Passo nº 2: Agora, encontre a casa correspondente ao seu horário de nascimento.
Passo nº 3: A partir dela, conte o número de casas correspondente ao seu signo em sentido anti-horário (a casa do horário do seu nascimento também entra na conta!).
Passo nº 4: *Voilà*. Esse é o seu ascendente!

Pronto! Agora você já pode sair calculando o ascendente de todo mundo no trabalho e na escola. Você vai virar o astrólogo da turma e vai ser superdivertido.

Lembrando que, se você ou a pessoa para quem você está fazendo o cálculo ainda não sabe o ascendente, é sempre bom dar aquela confirmada, pois a fórmula que apresentamos aqui é uma maneira aproximada de fazer o cálculo.

Mas se você quiser tirar a prova dando vazão ao astrólogo ou astróloga que existe em você, uma boa forma é fazer perguntas à pessoa sobre a personalidade dela. Vamos dar um exemplo: o ascendente em Capricórnio e Aquário estão muito próximos, mas existe uma enorme diferença entre eles. Descrever a personalidade do ascendente em Aquário como se fosse a de alguém com ascendente em Capricórnio vai ser um erro feio. Para confirmar e cravar o resultado, bastam algumas perguntas. Ou apenas observe, sinta a *vibe*. Aquário tem uma energia influenciadora, Capricórnio, executora. Os signos que estão próximos são os de características mais diferentes, e também por isso os chamamos de inferno astral. Então, não custa nada dar aquela conferida, principalmente se a pessoa nasceu em um horário de transição de ascendente.

CONSIDERAÇÕES IMPORTANTES

Antes de tudo, se você nasceu no Brasil, confira se o horário de verão estava vigente. Caso você tenha nascido durante esse período, tire uma hora do horário de nascimento da pessoa – como se o nascimento tivesse ocorrido no horário normal. Por exemplo: se alguém de Capricórnio (signo de um período em que normalmente o horário de verão está vigente) diz que nasceu às 10 horas da manhã, faça a conta considerando o horário de nascimento como às 9 horas da manhã.

Se você está fazendo o cálculo para alguém que nasceu fora do Brasil, certifique-se de que o horário era local e se também não havia horário de verão.

Configurações pessoais

Como fazer o cálculo

Exemplo 1

1. Meu signo é Sagitário (representado pelo número 9).

2. Nasci às 18 horas.

3. Conto 9 casas.

Resultado: ascendente em Gêmeos.

Exemplo 2

1. Meu signo é Câncer (representado pelo número 4).

2. Nasci às 4 da manhã.

3. Conto 4 casas.

Resultado: ascendente em Gêmeos.

Exemplo 3

1. Meu signo é Aquário (representado pelo número 11).

2. Nasci às 3 horas e 45 minutos.

3. Conto 11 casas.

Resultado: ascendente em Sagitário.

Exemplo 4

1. Meu signo é Virgem (representado pelo número 6).

2. Nasci às 16 horas e 22 minutos.

3. Conto 6 casas.

Resultado: ascendente em Aquário.

A importância do ascendente

Agora que você sabe como calcular o seu ascendente é a hora que vem a pergunta: afinal, para que ele serve? Como vamos falar mais na p. 178, o ascendente é o signo que irá ocupar a primeira casa astrológica, e, portanto, determinar a energia do seu mapa inteiro.

Por enquanto, o que é importante saber é que o ascendente indica tanto a forma como você enxerga o mundo como a forma que o mundo enxerga quem você é. Se dizem que a primeira impressão é a que fica, o que fica primeiro é o ascendente. É importante não confundir essa energia com o Sol, que fala sobre a nossa essência. Assim, muitas vezes, a impressão causada pelo ascendente não é completa; pode-se demorar anos para conhecer bem um ser humano, pois cada um é um ser complexo, com várias facetas – e o mapa astral é reflexo disso. Mesmo assim, como o ascendente fala muito de como a pessoa se mostra ao mundo e de sua aparência, ele está sempre – literalmente – na cara das pessoas.

Pessoalmente, coloco nas minhas interpretações que o ascendente também simboliza a nossa idealização adulta – o que queremos "ser quando crescer". Costumam dizer que o nosso ascendente fica mais forte conforme vamos amadurecendo. Não que isso seja necessariamente verdade. O que ocorre é que, quando crescemos, passamos a ter mais segurança de assumir quem somos por inteiro.

Para ficar completamente claro, deixo aqui uma analogia: se o signo solar é um bombom, o ascendente é a bonita embalagem que lhe dá forma. A seguir, confira como se molda essa combinação de ascendente e signo solar.

ASCENDENTE EM ÁRIES
COM SOL EM:

♈ **ÁRIES** São pessoas sociáveis e dinâmicas. Pensam e agem rápido, e por isso podem ser muito impulsivas. Devem direcionar a energia do fogo para algo produtivo. Caso contrário, podem se perder em pequenas brigas e deixar de fazer o que é realmente importante.

♉ **TOURO** Esse posicionamento pode ser um grande desafio. Ao mesmo tempo que buscam uma vida tranquila, são pessoas inquietas e enérgicas, além de terem características autoritárias de Áries e Touro. Pontos a serem trabalhados são a capacidade de conciliar problemas e evitar conflitos, acalmando a impulsividade ariana e abraçando mais a personalidade taurina.

♊ **GÊMEOS** É uma boa combinação. No geral, são pessoas sociáveis, animadas e simpáticas. Devem ter cuidado com falta de foco e impulsividade. É importante buscarem atividades que as ajudem a ter concentração, como ioga ou meditação.

♋ **CÂNCER** Esse posicionamento é conflitante, mas poderoso, pois é emocional tanto pela água como pelo fogo. São pessoas com enorme poder de ação, charmosas e viris. Há tendência a excessos emocionais. Sabendo direcionar a energia, podem ser grandes realizadores.

♌ **LEÃO** É um aspecto interessante. São pessoas fortes, mas também ingênuas e não tão vaidosas, e por isso encantam os outros. Costumam ser generosas, gostam de ajudar, mas também podem ser arrogantes e ter atitudes infantis. A flexibilidade deve ser priorizada.

♍ **VIRGEM** São energéticas e quebram estereótipos, pois juntam a intelectualidade de Virgem à energia de Áries. Têm pé no chão e atitude. Só devem tomar cuidado para não serem muito irritadiças, característica de ambos. No geral, são interessantes e originais.

72 Ascendente

♎ LIBRA Librianos com esse ascendente demonstram ser pessoas mais agressivas do que realmente são. No geral, buscam sempre ser justos. Existe uma tendência a ser sociável e a gostar de se relacionar com o público. Não têm dificuldade em se destacar, pois juntam energias muito atraentes. Libra tem uma forte relação com estética e bom gosto e Áries com ação.

♏ ESCORPIÃO São pessoas fortes, que buscam dominar tudo ao seu redor. Podem ser altamente explosivas e devem se controlar. Com inteligência emocional, tendem a ser mais sutis. Podem ser pessoas confusas e impulsivas, mas, em equilíbrio, são ótimos líderes.

♐ SAGITÁRIO É um aspecto harmônico. São pessoas alegres e comunicativas. Gostam de viver do seu modo, de filosofar e de agir. Sonham alto e têm coragem de ir atrás do que desejam. Buscam sempre novos desafios e aventuras. Apesar de competitivas, são mais aptas a viver em grupo e a fazer parte de algo maior. Em desequilíbrio, podem ser impulsivas e teimosas.

♑ CAPRICÓRNIO São capricornianos mais soltos, porém com instinto competitivo potencializado. Tendem a ser pessoas empreendedoras. Áries quebra a rigidez de Capricórnio e este dá foco e responsabilidade àquele. Uma combinação bombástica, que pode tornar a pessoa altamente eficaz. A única ressalva é não ser tão competitivo nas relações íntimas.

♒ AQUÁRIO Costumam ser interessantes, inteligentes e com aquela atitude de Áries, que atrai os outros. Tendem a ser pessoas bem simpáticas. É um aspecto que combina superbem. Gostam de gente, de conversar e de compreender as pessoas. No desequilíbrio, podem se mostrar contra tudo e se tornar altamente agressivas.

♓ PEIXES Essa combinação é complexa, pois o Sol em Peixes tem pouca conexão com Áries. São pessoas sonhadoras pelo lado Peixes e que buscam realizar pelo lado Áries. Por serem signos de personalidades muito distintas, uma pessoa em desequilíbrio pode ter atitudes grosseiras e oscilação de humor. Já em equilíbrio, são amáveis e proativas. Sonham e realizam seus ideais. É realmente conflitante, mas, se houver autoconhecimento, poderão abrir muitos caminhos.

ASCENDENTE EM
TOURO
COM SOL EM:

♈ **ÁRIES** São arianos fora da curva, mais sérios e focados em sua vida financeira. São pessoas aparentemente tranquilas, mas na verdade usam toda a sua energia para cuidar de suas prioridades, em especial o trabalho e as finanças.

♉ **TOURO** Pessoas com esse aspecto são tranquilas e simpáticas, gostam de viver uma vida em paz com o meio em que estão inseridas. Também deixam suas opiniões claras, mostram quem são e não têm medo de se expor. A tendência é que sejam pessoas carinhosas, carismáticas e sociáveis.

♊ **GÊMEOS** Geminianos com ascendente em Touro são atípicos, mais quietos e com muitas ideias voltadas para a vida profissional. Podem ser pessoas empreendedoras e disciplinadas. Gostam de ter relações de confiança e aparentam ser tranquilas e estáveis, escondendo uma cabeça geminiana que nunca para de pensar.

♋ **CÂNCER** Pessoas com esse posicionamento adoram estar em segurança e por isso podem ter grande dificuldade em se arriscar, tanto na vida pessoal como na profissional. São carinhosas e focadas nas suas relações emocionais. Estáveis e confiáveis, adoram estar em harmonia com seu ambiente.

♌ **LEÃO** Leoninos com esse aspecto são mais fechados. Não gostam tanto de se expor, porém sabem defender seu território. O ascendente em Touro intensifica a ambição natural de Leão e faz com que a pessoa ame o sucesso, especialmente o financeiro. Buscam segurança material e sempre cumprem seus compromissos.

VIRGEM Pessoas com esse aspecto são sossegadas e trabalhadoras. Conseguem se organizar e gostam de fazer as coisas no seu tempo. São altamente produtivas. Por terem os dois aspectos em terra, podem ter dificuldades para lidar com mudanças. Também são muito cuidadosas e dedicadas aos seus entes queridos.

LIBRA São pessoas fáceis de lidar, tranquilas e disciplinadas. Gostam de estar em ambientes harmônicos e são bem dedicadas à vida profissional. Buscam equilíbrio e segurança na vida. Gostam de manter poucas atividades para concentrar-se muito bem nelas.

ESCORPIÃO São os escorpianos mais tranquilos do mundo, pessoas amáveis e gentis. Vivem em paz com seu meio, mas são bem intensas na vida íntima. Gostam de cuidar das pessoas próximas e trazem segurança aos que estão ao seu redor. São bem focadas na vida profissional, mas conseguem manter um equilíbrio saudável.

SAGITÁRIO Sagitarianos com esse posicionamento são fora da curva, mais calmos e estáveis, buscam levar a vida em paz. E, acredite, podem até nem gostar de viagens ou grandes aventuras, preferindo ficar mais "tranquilões" em casa, com certo conforto.

CAPRICÓRNIO Pessoas com esse aspecto exalam confiança e credibilidade. São sérias, cumprem o que falam e são altamente comprometidas com o que se propõem a fazer. Podem ser pessoas bem rígidas consigo mesmas e buscam de forma intensa ter segurança financeira.

AQUÁRIO Parecem tranquilas e estáveis, porém, lembre-se: são aquarianos, é apenas aparência. Têm muita ambição financeira e não lhes faltam ideias de novos negócios. No entanto, podem acabar preferindo trabalhar para terceiros, pela necessidade de segurança.

PEIXES Pessoas com esse aspecto são muito amigáveis, emocionais e gentis. Buscam tranquilidade financeira, mesmo que emocionalmente possam estar em uma roleta-russa. Estão sempre procurando equilibrar as energias distintas que têm em seu interior.

ASCENDENTE EM
GÊMEOS
COM SOL EM:

♈ **ÁRIES** São pessoas bem ativas e energéticas. Adoram conversar e vivem fazendo mudanças em todos os aspectos. Gostam de movimento e podem vir a morar em várias cidades no decorrer de sua vida. Por serem tão instáveis, devem exercitar a disciplina se desejam ter maior êxito profissional.

♉ **TOURO** Taurinos com ascendente em Gêmeos são bem ativos, fugindo muito do estereótipo. São superfocados nas coisas do seu interesse e tendem a buscar muito autoconhecimento, embora também estejam constantemente à procura de novas atividades. É um posicionamento que busca desenvolver a vida financeira e o intelecto.

♊ **GÊMEOS** Pessoas com esse aspecto são bem agitadas, gostam de aprender sobre tudo e podem acabar se perdendo por terem tantos e tão diversos interesses. Tendem a ser meio perdidas por quererem abraçar o mundo. O desafio é se concentrar no que traz mais sentido à vida.

♋ **CÂNCER** Aparentam ser bem soltas e tranquilas, mas a verdade é que são pessoas bem emocionais e conectadas com quem está em seu círculo social. Muito inteligentes e dinâmicas, gostam de compreender as próprias emoções e se empenham nisso, justamente para ter mais autocontrole.

♌ **LEÃO** Leoninos com ascendente em Gêmeos são leves, mais brincalhões que outros leoninos e não se importam tanto com sua imagem pública. Têm muita criatividade e a usam na vida profissional. Gostam de viver de forma jovial e mais aventureira.

VIRGEM São virginianos menos focados que o normal, porém altamente intelectuais e que adoram estudar. Simpáticos, gostam muito de conversar e aprender com os outros. São pessoas sociáveis e que costumam se destacar muito quando lidam com o público.

LIBRA Pessoas com esse aspecto são sociáveis e agradáveis. Podem ser altamente conquistadoras, charmosas e inteligentes. Chamam a atenção dos outros e adoram se relacionar socialmente. Inteligentes, também se destacam intelectualmente.

ESCORPIÃO Pessoas com tal posicionamento podem ser bem confusas e instáveis. Ora são intensas com algo, ora dispersas. Vivem entre o extremo emocional de Escorpião e mental de Gêmeos. O importante para tais pessoas é buscar o equilíbrio, pois são signos que tendem a se exceder de um lado e de outro, o que causa dificuldades na vida e na saúde.

SAGITÁRIO Comunicativas, sociáveis e muito inteligentes, pessoas com esse aspecto adoram bater um papo bem-humorado. Tendem a ser positivas e otimistas, parece que está sempre tudo bem. Gostam de aprender coisas novas e viver como se fosse o último dia.

CAPRICÓRNIO São capricornianos simpáticos e influentes. Sabem escolher bem as palavras e convencer qualquer pessoa de seus propósitos. São rápidas, inteligentes e atentas. Tendem a assumir a liderança em diversas ocasiões.

AQUÁRIO Pessoas com esse aspecto são bem sociáveis, adoram conversar sobre tudo, são curiosas e engajadas. Porém, podem ser bem dispersas e desistir facilmente das coisas a que se propõem. É necessário trabalhar a disciplina para ter satisfação e êxito financeiro.

PEIXES Apesar de serem pessoas bem inteligentes, tendem a ser também bastante distraídas. Têm pouca resiliência e podem demorar a descobrir o que buscam na vida. É importante aprenderem a seguir em frente com seus objetivos e valores, mesmo em situações adversas.

ASCENDENTE EM CÂNCER

COM SOL EM:

♈ **ÁRIES** São arianos mais carinhosos, mais atenciosos. Podem confundir as pessoas ao seu redor, já que inicialmente aparentam ser tranquilos e, depois, podem mostrar um lado mais agressivo. É importante buscar equilibrar as energias, para não explodir repentinamente, ainda mais num cenário de aparente calma.

♉ **TOURO** Pessoas com esse aspecto são bem afetuosas e adoram passar seu tempo com a pessoa amada. Buscam segurança na vida financeira e emocional. Podem parecer frágeis, mas, na verdade, apenas se esquivam de situações de conflito para manter uma vida tranquila.

♊ **GÊMEOS** Não são pessoas tão emocionais quanto parecem. Lidam com a razão e a emoção de forma intensa, contudo sempre balanceando-as. Também almejam segurança emocional na vida profissional, o que exige cautela.

♋ **CÂNCER** Pessoas com esse aspecto são bem transparentes, protetoras e emocionais. Importam-se com as pessoas, conectam-se facilmente com os outros e nutrem o desejo de cuidar de todos. Buscam estar sempre em harmonia com o ambiente.

♌ **LEÃO** São leoninos bem mais sossegados, que adoram namorar e fazer programas a dois. Ao mesmo tempo, são pessoas muito territorialistas, só não batem de frente em situações de conflito, como um leonino típico provavelmente faria.

♍ **VIRGEM** Pessoas com esse posicionamento são bem discretas e podem até ter certo pavor de chamar atenção. Gostam de estar com quem se conectam emocionalmente, em lugares onde se sentem protegidas. São pessoas dedicadas e que adoram cuidar daqueles que amam.

♎ LIBRA São pessoas bem focadas em seus relacionamentos afetivos. Também tranquilas e emocionais. Devem tomar cuidado para não canalizar toda a sua energia para a vida amorosa, negligenciando a vida profissional. Também podem vincular toda a sua autoestima a um relacionamento, o que não é aconselhável.

♏ ESCORPIÃO Pessoas com esse aspecto são intensas e emocionais. Atenciosas e protetoras, também têm uma faceta estratégica que acaba muitas vezes passando despercebida, oculta pelo ascendente. Podem ser ótimos líderes e gestores, por se importarem bastante com o resultado do seu trabalho.

♐ SAGITÁRIO Pessoas com esse posicionamento tendem a ser exageradas. Podem ser bem afetivas e do tipo que adora demonstrações de afeto. Aqueles sagitarianos mais tranquilos e concentrados. Quando estão focados no trabalho, podem ter um êxito gigantesco.

♑ CAPRICÓRNIO São dois signos opostos, o que significa que as pessoas que os têm lidam com energias complementares. Serão capricornianos mais afetivos e amáveis, que vivem sua vida emocional mais intensamente. Esse aspecto quebra todo o estereótipo capricorniano de ser frio.

♒ AQUÁRIO Pessoas com esse aspecto são bem contraditórias. São emocionais ao mesmo tempo que dispersas e desconectadas da realidade. É uma verdadeira dualidade interna. O desafio nesse caso é buscar o equilíbrio dessas energias tão diferentes.

♓ PEIXES Pessoas emocionais e que se doam à vida afetiva. Têm vínculos familiares fortes e se conectam facilmente com os outros. Podem se interessar e se dedicar a causas sociais, como cuidar de animais de rua ou fazer trabalho voluntário com crianças e idosos.

ASCENDENTE EM LEÃO

COM SOL EM:

♈ ÁRIES Pessoas com esse posicionamento fazem apenas o que querem. Têm personalidade excêntrica e podem ser bem estouradas em situações de desequilíbrio. Quando estão bem consigo mesmas são magnéticas, podendo ter, inclusive, grande êxito na mídia.

♉ TOURO São pessoas ambiciosas, que buscam sucesso profissional e não medem esforços para que isso aconteça. Bonitas e elegantes, podem ter a aparência chamativa, mas não chegam a ser excêntricas. São pessoas centradas e vaidosas, e também com grande necessidade de segurança financeira.

♊ GÊMEOS Gostam de expor suas opiniões e podem ter um visual exótico. São pessoas ambiciosas, comunicativas e geralmente ligadas a áreas consideradas mais artísticas e criativas. Têm bastante jogo de cintura e tendem a ser populares em seus círculos.

♋ CÂNCER São pessoas vaidosas, ambiciosas e que prezam por conforto. Buscam defender os amigos e as pessoas próximas. Podem ser bem românticas e sonhar com um relacionamento ideal. Vivem à flor da pele por serem sensíveis e impulsivas, características de água e fogo.

♌ LEÃO Transparentes e autoconfiantes, as pessoas com esse aspecto sabem bem o que querem. Podem parecer metidas e convencidas, mas isso não é algo com que elas se importem. São pessoas enérgicas e vaidosas, de personalidade bem forte. Quando querem algo, não medem esforços.

♍ VIRGEM Pessoas com tal aspecto têm verdadeira necessidade de viver a perfeição. Buscam fazer o melhor em tudo. Para elas, é preciso ter e aproveitar o melhor do planeta.

São perfeccionistas e buscam se destacar em tudo que fazem. Podem ser pessoas angustiadas por imporem a si mesmas uma grande pressão.

LIBRA Pessoas com esse aspecto são bonitas e charmosas, e buscam viver uma vida romantizada. Adoram aprender sobre beleza e estética, e essa área de trabalho pode ser ideal para elas. São muito inteligentes, se destacam facilmente e têm muita presença de espírito e boa comunicação.

ESCORPIÃO São pessoas fortes e que precisam ter grande controle sobre sua própria vida. Também têm um perfil empreendedor. Podem se tornar ótimos gestores, pois são focados e extremamente observadores.

SAGITÁRIO Pessoas com esse aspecto são bem excêntricas, por onde passam são notadas. Têm uma visão única do mundo, vivem a seu modo e não se importam com o que os outros pensam sobre elas. Podem parecer meio relaxadas quando, na realidade, são pessoas muito ambiciosas financeiramente e sabem cuidar de suas prioridades.

CAPRICÓRNIO São pessoas com o dom dos negócios, sendos fortes e focadas, com talento e dedicação para liderar. Ambiciosas, para elas o céu é o limite. Claro, são também muito trabalhadoras, já que o ascendente em Leão fortalece o Sol em Capricórnio.

AQUÁRIO Geniais, criativas e artísticas, pessoas com esse aspecto têm uma forma de pensar totalmente incomum. Podem revolucionar sua área de atuação, mesmo que esta não seja muito criativa, porque têm uma perspectiva da vida inédita e inusitada, o que pode funcionar em qualquer situação.

PEIXES Pessoas com esse aspecto são charmosas, sensíveis e chamativas. Inspiradas e inspiradoras. Podem ter um ar romântico e, também por isso, costumam ser muito agradáveis. Gostam de juntar pessoas e, em posição de liderança, o fazem com muita empatia.

ASCENDENTE EM
VIRGEM
COM SOL EM:

ÁRIES Pessoas com esse aspecto são arianos bem diferentes, mais tranquilos, focados e responsáveis, como costumam ser os que têm ascendente em Virgem. Seu ponto forte é a tendência natural a ter certo equilíbrio energético entre o fogo e a terra, ou seja, entre a ação e a consistência.

TOURO São pessoas bem críticas e que vivem em busca de ter um pouco mais de tranquilidade. Podem ser muito inseguras e necessitar mais proximidade das pessoas amadas para sentirem a segurança que tanto desejam. A tendência é que fiquem em uma grande autocobrança, é realmente importante que busquem relaxar.

GÊMEOS São pessoas bastante intelectualizadas e que gostam de se expressar de forma clara. Como são muito críticas, podem ser difíceis de conviver no dia a dia, embora não sejam tão duras consigo mesmas. Buscam sempre aprender coisas novas e gostam de levar a vida do seu próprio jeito.

CÂNCER Cuidadosas e perfeccionistas, buscam cuidar bem das coisas e das pessoas que mantêm em sua intimidade. São pessoas mais tímidas e discretas, ligadas à família e ao trabalho. Podem ser bem criteriosas na hora fazer novas amizades.

LEÃO São pessoas que se dedicam de corpo e alma à carreira. Podem ser demasiadamente exigentes consigo e com os outros. É um aspecto comum em pessoas bem-sucedidas e de grande destaque.

VIRGEM Altamente práticas e analíticas, são pessoas sinceras, falam o que pensam. Costumam ser virginianos mais abertos, podendo ser escritores ou comunicadores. São pessoas muito dedicadas às atividades de trabalho e de lazer.

LIBRA Pessoas com esse aspecto buscam estar sempre bem-vestidas, em busca de harmonia na aparência, na saúde e em todos os outros aspectos da vida. Também são muito dedicadas. Focadas no trabalho, buscam com afinco se destacar na vida profissional.

ESCORPIÃO Pessoas observadoras, analíticas e que não deixam passar um detalhe. Por outro lado, são discretas e buscam relações profundas e sólidas. Envolvem-se bastante na intimidade, mas costumam ser pessoas fechadas com quem não conhecem.

SAGITÁRIO Se por um lado as pessoas com esse aspecto precisam se sentir organizadas, por outro, também buscam se desenvolver e viver experiências diferentes e inusitadas. O ideal é conseguir equilibrar esses dois lados sem criar grandes conflitos de personalidade.

CAPRICÓRNIO Pessoas com esse aspecto costumam ser mais fechadas e tímidas. Atentas e minuciosas, gostam de concretizar seus objetivos e viver com os pés no chão. Podem se sentir bem inseguras em relação a suas emoções e ao seu valor pessoal.

AQUÁRIO Inventivos e detalhistas, costumam ter ideias fáceis de materializar. Gostam de exercer sua criatividade, porém, ao mesmo tempo, precisam ser objetivos. Podem ser pessoas frias, com dificuldade de lidar inclusive com as próprias emoções.

PEIXES O Sol em Peixes confere um lado lúdico, enquanto o ascendente em Virgem torna realista. Costumam ser pessoas tranquilas, mas bem autocríticas. Adoram cuidar das pessoas ao seu redor. Como há uma oposição forte de energias, é natural que pessoas com esse posicionamento vivam em busca de equilíbrio.

ASCENDENTE EM
LIBRA
COM SOL EM:

♈ **ÁRIES** Pessoas com esse aspecto levam energias opostas dentro de si. Ao mesmo tempo que desejam agir, gostam igualmente de refletir e analisar todos os lados de uma situação. É importante buscar o equilíbrio, tentando acima de tudo impulsionar a ação ariana, que pode ser barrada pelo ascendente em Libra.

♉ **TOURO** Amáveis e tranquilos, adoram agradar as pessoas próximas. São seguras, fáceis de conviver e que gostam de ter sempre os pés no chão. Para elas, é importante construir relacionamentos sólidos e estáveis.

♊ **GÊMEOS** São pessoas bem indecisas e racionais. Gostam de pensar bastante sobre tudo e devem tomar cuidado para não viver apenas em seu universo interior. Tal aspecto costuma dificultar a capacidade de ação, que precisa ser desenvolvida.

♋ **CÂNCER** Pessoas com esse aspecto costumam ser muito afetivas e sonham em ter uma família próspera. São tranquilas e amáveis. Gostam de dar toda a atenção a quem está próximo e de viver de forma pacífica, esquivando-se de quaisquer conflitos possíveis.

♌ **LEÃO** Pessoas vaidosas e que cuidam muito da aparência. Os que têm esse posicionamento geralmente são influentes e admirados, e transmitem uma sensação tanto de força como de conforto para quem está ao seu redor.

♍ **VIRGEM** Pessoas com esse aspecto são agradáveis e cuidadosas, porém podem se importar demais com o que os outros pensam. Gostam de estar próximas aos seus familiares e são extremamente dedicadas às relações afetivas.

♎ LIBRA Pessoas com esse aspecto são charmosas e simpáticas, gostam de viver de forma harmoniosa com seu ambiente. Podem ser conquistadoras compulsivas. Adoram viver em lugares bonitos e conviver com pessoas tranquilas e simpáticas.

♏ ESCORPIÃO Pessoas com esse aspecto compreendem bem e rápido o funcionamento do ser humano. Gostam de agradar onde estiverem, ao mesmo tempo que são extremas. Há uma dualidade forte entre o extremo e o equilibrado em sua vida.

♐ SAGITÁRIO Pessoas com jeito tranquilo e muito charmosas, que adoram estar em grupo. Vivem uma rotina agitada e conversar é, com certeza, um de seus passatempos favoritos. Costumam ser simpáticas e engraçadas. Quem tem esse posicionamento vive para aprender e gosta muito de viajar.

♑ CAPRICÓRNIO Pessoas com esse aspecto são confiantes e simpáticas. Gostam de causar boa impressão e são ligadas ao trabalho e à família. Podem ter dificuldade em agir e tomar decisões, porque acabam pensando muito até dar um primeiro passo em seus projetos.

♒ AQUÁRIO Pessoas com esse posicionamento são bastante mentais e adoram interagir com os outros. São sociáveis e criativas. Podem gostar muito de comunicação e se dedicar profissionalmente a áreas em que lidem com público. Existe uma duplicidade entre a personalidade rebelde de Aquário e a vontade de agradar de Libra.

♓ PEIXES Pessoas tranquilas e que adoram cativar os outros. Entretanto, costumam ter dificuldades em tomar decisões e principalmente em partir para a ação. Podem ficar muito tempo indecisas e inseguras. O mais importante para elas é que consigam desenvolver sua iniciativa.

ASCENDENTE EM ESCORPIÃO COM SOL EM:

ÁRIES Pessoas com esse aspecto são energéticas e podem acabar se tornando muito explosivas. Devem buscar se conter e desenvolver seus limites. É um aspecto bem poderoso quando a pessoa tem foco, mas também destrutivo quando ela não sabe o que procura e acaba frequentemente se colocando em situações complicadas.

TOURO Pessoas com essa combinação costumam ser sérias e discretas, que buscam viver em ambientes controlados. São dominadoras e gostam de tudo do seu jeito. Podem acabar sendo conflituosas caso não desenvolvam leveza e não abram mão de ter total controle das coisas.

GÊMEOS Geminianos com ascendente em Escorpião são pessoas desconfiadas e investigativas. Buscam saber tudo sobre todo mundo. São muito inquietas e podem ser obcecadas por certas coisas. Também desejam poder financeiro. Devem ter cuidado com o comportamento extremista.

CÂNCER Pessoas com esse aspecto são cuidadosas e reservadas. Gostam de manter sua vida em segredo e conviver apenas com os íntimos e familiares. Podem parecer retraídas e reclusas. Gostam de ter controle e são muito emocionais.

LEÃO Pessoas com esse aspecto são poderosas por natureza, são fortes e gostam mesmo é de domar tudo na sua vida. Devem ter cuidado para não serem demasiadamente ostensivas. Costumam ser inteligentes e estrategistas. É importante moderar a vaidade e a agressividade.

♍ VIRGEM Pessoas com esse aspecto gostam de saber tudo sobre tudo. São muito curiosas e atentas aos detalhes. Também são pessoas de imagem forte e buscam trazer para os outros segurança e confiança. São intensas e calculistas.

♎ LIBRA Pessoas com esse aspecto são conquistadoras natas. Sabem como entrar na mente do outro, são amantes da sedução. Sempre se posicionam bem socialmente, adoram viver com pessoas e se relacionar com os outros. Evidentemente, são agradáveis e magnéticas.

♏ ESCORPIÃO Pessoas com esse aspecto são intensas, adoram viver de forma que estejam em constante crescimento. Não conseguem viver no meio-termo: ou são ou não são. São pessoas poderosas e que têm a habilidade de convencer os outros.

♐ SAGITÁRIO Pessoas com esse aspecto são perspicazes e rápidas. São ambiciosas e adoram se atirar em situações arriscadas, principalmente quando se trata de dinheiro. Podem ser um tanto megalomaníacas e vivem como que apenas para satisfazer seus desejos. São também fortes e extremamente inteligentes.

♑ CAPRICÓRNIO Pessoas com tal aspecto são ambiciosas e gostam de materializar seus sonhos. Podem ser muito intensas quando o assunto é finanças. Precisam viver de forma realista e são observadoras e estrategistas, sabem sempre o "ponto fraco" do outro.

♒ AQUÁRIO Pessoas com esse aspecto são reservadas, mas também bem criativas. Então, ninguém nunca sabe seus planos nem seu passo seguinte. Podem ter uma grande rebeldia interna e desejo de dominar. É importante que desenvolvam a harmonia internamente, já que tendem a ser muito paradoxais.

♓ PEIXES Pessoas com esse aspecto são emocionais e dominadoras ao mesmo tempo. Gostam de estar próximas a sua família e costumam fazer seus sonhos acontecerem. São muito guiadas pela emoção e pelo instinto afiado. São também observadoras e afetuosas.

Configurações pessoais

ASCENDENTE EM
SAGITÁRIO
COM SOL EM:

♈ **ÁRIES** Pessoas com esse aspecto são ágeis e alegres. Costumam ter sempre um sorriso no rosto. Vivem dispostas a ajudar com suas ideias inovadoras e é muito provável que consigam. No entanto, não são das mais apegadas, gostam de viver leves, livres e soltas.

♉ **TOURO** Pessoas com esse aspecto são taurinos mais abertos e comunicativos. São pessoas alegres e trabalhadoras, adoram se esforçar para obter um bom resultado. Costumam ser inspiradas, cativantes e estão sempre de bom humor. Transmitem segurança e também são muito gentis.

♊ **GÊMEOS** Pessoas com esse aspecto são criativas e inquietas. Estão sempre procurando algo novo para fazer, vivem em prol de suas ideias e podem ter problemas com a falta de foco. Essas pessoas são geralmente simpáticas, carismáticas e bem inteligentes.

♋ **CÂNCER** Pessoas com esse aspecto são afetivas e simpáticas, gostam de viver perto de quem amam. Precisam estar seguindo seus sonhos e são muito emocionais. Preferem viver como acham correto a se dobrar ao que os outros pensam.

♌ **LEÃO** São alegres e festivas. Costumam reunir as pessoas e vivem num grande agito. É importante que exerçam muitas atividades de valor e que trabalhem bem sua vida financeira, pois podem acabar gastando muito.

♍ **VIRGEM** Pessoas com esse aspecto são muito inteligentes. Têm as inteligências do fogo e da terra. Gostam mesmo é de realizar. São pessoas comunicativas e sinceras, engajadas e bem direcionadas à vida profissional. São simpáticas e responsáveis.

LIBRA Pessoas com esse aspecto são extremamente simpáticas. São tranquilas e adoram estar em grupo. Devem tomar cuidado para não viver para os outros e acabar esquecendo de si. Costumam ser sociáveis e ter vários círculos de amigos.

ESCORPIÃO São simpáticas, intensas e sonhadoras. Vivem para realizar seus sonhos. Como são intempestivas, podem acabar exagerando e caindo em excessos. De todo modo, tendem a ser pessoas bem entusiasmadas e dedicadas.

SAGITÁRIO Pessoas com esse aspecto são alegres e carismáticas. Tranquilas, mas com grande necessidade de ter novas experiências. Podem ser descontroladas com algumas coisas e devem prestar atenção a possíveis exageros. Também têm muita habilidade de comunicação.

CAPRICÓRNIO Com esse aspecto, temos pessoas bem sensíveis, mas sempre com o pé no chão. Elas até podem aparentar serem dispersas e fora da realidade, meio que nas nuvens, mas o que fazem mesmo é buscar segurança e diversão. É um aspecto um pouco complexo e dual, porém, nessas bases estão toda a sua originalidade e satisfação.

AQUÁRIO Pessoas com esse aspecto são bastante sociáveis e vivem por e para seus valores. Costumam ter um tipo de pensamento ideológico forte e o seguem a todo custo. Gostam de estar em grupos sociais e vivem como se não houvesse amanhã.

PEIXES Pessoas muito emocionais e exageradas. Se não tomarem cuidado, podem perder totalmente seus limites. Vivem em prol de satisfazer seus desejos, guiadas pelas emoções e também pela espiritualidade. Podem se afastar da realidade, que nem sempre comporta esse estilo de vida, e devem tomar cuidado com isso.

ASCENDENTE EM
♑ CAPRICÓRNIO
COM SOL EM:

♈ **ÁRIES** Arianos com esse aspecto são mais assertivos e sérios. Pessoas assim gostam de ter objetivos claros e agir, vivem para fazer acontecer e detestam ficar paradas se sentindo inúteis, "perdendo tempo". É interessante para elas encontrar modos sustentáveis de seguir essa dinâmica e, em contrapartida, investir energia também na sua vida afetiva.

♉ **TOURO** Pessoas com esse aspecto são seguras e focadas. Gostam de ter metas e propósitos claros. São mais materialistas e vivem para gerir sua vida financeira. Gostam de ter segurança e também tendem a ser bem reservadas. Precisam saber medir melhor o valor que dão para questões materiais, direcionando um pouco para os outros setores.

♊ **GÊMEOS** Pessoas que valorizam o trabalho e podem ter boas ideias de negócios. Tendem a ter um perfil mais empreendedor e usam toda a energia de que dispuserem para executar suas ideias.

♋ **CÂNCER** Pessoas com esse posicionamento são emocionais ao mesmo tempo que têm uma frieza de pensamento. Podem parecer muito ambíguas por isso. São cancerianos que pensam bastante na sua vida financeira e têm mais facilidade para concretizar sonhos e projetos.

♌ **LEÃO** Pessoas assim são territorialistas. Gostam de crescer, sobretudo economicamente. Querem viver da sua própria maneira e não se dobram para ninguém. Esse perfil tende a trabalhar mais e melhor como autônomo.

VIRGEM Pessoas com esse aspecto gostam de segurança e fazem de tudo para terem mais estabilidade. São concentradas, trabalhadoras e vivem sempre à procura de uma vida financeira cada vez mais próspera. Podem ser bem conservadoras também.

LIBRA São librianos mais centrados. Gostam de ter controle de tudo e quebram o conhecido padrão da indecisão de Libra. Almejam uma vida tranquila e equilibrada. Suas prioridades são tanto a vida amorosa quanto o trabalho.

ESCORPIÃO Pessoas com esse aspecto são *workaholics*. Adoram desafios e não temem nada, são daquelas que "vão com tudo". Devem tomar cuidado com a saúde, já que tendem a estar mais expostas ao estresse e a outros males da vida moderna.

SAGITÁRIO São sagitarianos diferentes, mais pragmáticos, dão mais viabilidade e praticidade a suas ideias. Também adoram trabalhar em contato com pessoas e, por tais razões, costumam ser bons líderes e gestores. Essas pessoas curtem liberdade e conseguem ser bem comprometidas com seus projetos e trabalhos.

CAPRICÓRNIO Costumam ser mais sérias e organizadas. São pessoas materialistas e podem muito bem ser daquelas que vivem para o trabalho. Portanto, é essencial buscarem também se divertir e não se preocupar tanto, já que existe a tendência a um alto estresse.

AQUÁRIO Essas pessoas são focadas e direcionadas a seus trabalhos, gostam de viver de forma livre ao mesmo tempo que têm alto comprometimento e entusiasmo com o que fazem. Pessoas com esse aspecto conseguem aliar criatividade a praticidade.

PEIXES Pessoas com esse posicionamento podem parecer sérias e realistas, mas no fundo são altamente sonhadoras. Possuem uma energia mista e podem concretizar muitos de seus objetivos e sonhos. É importante irem atrás de equilíbrio e harmonia interna, pois são energias de naturezas bem diferentes.

ASCENDENTE EM
AQUÁRIO
COM SOL EM:

♈ **ÁRIES** Pessoas com esse posicionamento adoram "chocar a sociedade", tendem a fazer o que querem e não se importam muito com as reações dos outros. São imaginativas e de gostos exóticos. Podem trazer bastante novidade e coisas de fato interessantes ao meio em que circulam.

♉ **TOURO** Tal posicionamento contribui com personalidades disruptivas e constantes. Parece algo extremamente complexo, e de fato é. Elas conseguem causar mudanças a longo prazo. Vivem para mudar a sociedade e, ao mesmo tempo, buscam ter segurança financeira e emocional em suas vidas. Aí está outro equilíbrio difícil.

♊ **GÊMEOS** Pessoas com esse aspecto são comunicativas e adoram estar em grupo. São amantes dos conhecimentos e altamente curiosas. Podem, contudo, viver demasiadamente no campo das ideias e acabar se esquecendo da vida terrena; é importante buscar o tal equilíbrio.

♋ **CÂNCER** Pessoas que têm esse aspecto são bastante diferentes. Como as energias de Câncer e Aquário não conversam muito, são sensíveis e afetivas, ao mesmo tempo que livres e um pouco frias. É um aspecto delicado e cabe a elas desenvolverem um profundo autoconhecimento para saber "domar suas feras internas".

♌ **LEÃO** Pessoas com tal característica são criativas e extravagantes. Destacam-se facilmente na multidão. Pensam de forma autêntica e tendem a ser muito influentes por onde passam. Costumam valorizar o bem social e adoram ter uma causa pela qual lutar.

♍ VIRGEM Pessoas com esse aspecto são inteligentes e costumam agir de forma contraditória. Ora são avoadas e criativas, ora são terrenas e pé no chão. É uma personalidade tão dual que pode ser confusa. O importante aqui é a pessoa usar o máximo de sua criatividade, que já não é pouca, para colher bons frutos.

♎ LIBRA Pessoas com esse aspecto são bem diferentes, gentis e agradáveis. Costumam viver de uma forma criativa e artística. Gostam do belo e suas referências são diferentes do trivial. São elegantes, mas também não fogem de um conflito.

♏ ESCORPIÃO Pessoas com esse aspecto vivem como querem e não se importam muito com o que os outros acham. Têm pensamento forte e podem não se importar em incomodar. Por esse motivo, podem acabar sendo bem conflituosas.

♐ SAGITÁRIO Pessoas expansivas e que se preocupam muito com a sociedade em geral. Gostam de viver de forma livre e se atraem muito por ideias e projetos inovadores. Tudo o que ainda não existe atrai essas pessoas. É importante se dedicarem a seus projetos criativos.

♑ CAPRICÓRNIO São capricornianos bem diferentes. Apesar de serem pé no chão, também conseguem desenvolver seus grandes talentos. São pessoas inovadoras e podem até mesmo ser impulsivas. Gostam do novo e adoram projetos que saiam do lugar-comum.

♒ AQUÁRIO Seres livres e criativos. Podem ter dificuldades de se sentirem integrados ao todo. São pessoas muito mentais e adoram referências diferentes. É extremamente importante que trabalhem em áreas muito criativas.

♓ PEIXES Pessoas com tal aspecto são criativas e pensam fora da caixa. Nada previsíveis, adoram o diferente e são entusiasmadas. Podem muito bem ter ideias efetivamente inovadoras e, por isso, devem buscar desenvolver um pezinho no chão, para realizá-las e para não ter problemas na vida terrena.

ASCENDENTE EM
♓ PEIXES
COM SOL EM:

♈ **ÁRIES** Essas pessoas são impulsivas e sonhadoras. Podem se perder em devaneios, confundindo o real com o ilusório, e agir de maneira equivocada. É importante desenvolverem a energia terrena e criarem um pouquinho de raízes para conseguir realizar seus projetos com êxito. Aliás, são pessoas bastante inspiradas.

♉ **TOURO** Esse posicionamento faz dos taurinos inspirados e românticos. Gostam de se doar emocionalmente às pessoas ao seu redor e ainda assim viver de forma segura. E muitas vezes conseguem, porque estão sempre rodeados das pessoas amam e fazem questão de transmitir sua segurança a elas.

♊ **GÊMEOS** Pessoas com esse aspecto sofrem uma dualidade. Por um lado, Gêmeos é um signo frio e calculista e, por outro, Peixes é inspirado e romântico. Precisam equilibrar as duas partes tão contraditórias para encontrar paz interior. É um exercício para a vida praticar esse meio-termo.

♋ **CÂNCER** Sentimentais, se jogam nas relações e sonham com uma vida amorosa perfeita. Para que essas pessoas vivam da melhor forma, é necessário que estejam perto de quem amam. Importante para quem tem esse posicionamento é aprender a levar as relações de maneira saudável.

♌ **LEÃO** Pessoas com tal aspecto são artísticas, gostam de aparecer e de fato aparecem. Desejam viver de forma intensa e criativa. Costumam ser bonitas e charmosas.
São também agradáveis, com bom convívio social, e ainda são tranquilas e seguras.

VIRGEM Pessoas com personalidade contraditória. Buscam coisas concretas, mas são grandes sonhadoras. Quando alcançam o equilíbrio de tais características, acabam vivendo de forma plena e realizando vários de seus sonhos. Enquanto Libra sonha, Virgem concretiza.

LIBRA Pessoas com esse posicionamento são românticas e agradáveis. Costumam ser amáveis e afetuosas. Adoram viver em paz e harmonia com seu meio, têm isso como um grande propósito. São também sonhadoras e assim podem ter dificuldade em tomar decisões, principalmente quando dizem respeito a realizar seus próprios projetos.

ESCORPIÃO Intensas e emocionais, adoram viver em prol dos seus sentimentos e das pessoas que amam. São tranquilas e focadas. Como são levadas por suas emoções, podem ter dificuldade quando se torna necessário agir de maneira mais fria.

SAGITÁRIO Pessoas bastante abertas e espirituais. Gostam de seguir sua intuição e vivem como bem entendem. São muito sensíveis e podem acabar sendo influenciáveis também. O que elas precisam é desenvolver a constância para ter melhor desempenho em suas atividades.

CAPRICÓRNIO Esse aspecto pode gerar certo paradoxo: pessoas simultaneamente sonhadoras e realizadoras. Agem de forma tranquila e podem levar muito tempo até conseguirem o que desejam. Buscam estabilidade e querem viver em harmonia com seu meio.

AQUÁRIO Costumam ser exóticas e até chocantes. Podem ter ideias totalmente fora do comum e viver fora dos padrões da sociedade. Essas pessoas acabam criando para si mesmas uma forma própria de ver as coisas e de viver. É importante que deem um pouco de atenção também à sua vida prática, que se façam entender, para evitar grandes problemas.

PEIXES Inspiradoras, românticas e sonhadoras, podem ser pessoas bastante espiritualizadas. Gostam de viver explorando seu lado emocional e, por isso, costumam transparecer tudo o que sentem. No entanto, acabam sendo também muito instáveis e devem cuidar disso.

Configurações pessoais **95**

SIGNO LUNAR

Na astrologia, a Lua diz respeito a emoções e a instintos naturais. Certamente é a parte mais sensível do mapa astral. Quem a compreende é capaz de dominar os próprios sentimentos e perceber melhor os sentimentos alheios. Pode descobrir como funciona o mecanismo mais básico do ser humano: sua forma de reagir às coisas e de lidar com as emoções.

A neurociência tem feito vários estudos, mapeando o cérebro em busca de conhecer e reconhecer como se formam as emoções. Mas não é preciso ser um neurocientista para entender que cada um reage às situações de um jeito diferente. Os padrões energéticos da astrologia podem ser uma grande ferramenta na tentativa de desvendar o comportamento humano.

Conhecendo as características da sua Lua, você pode descobrir como se motiva e se frustra. Ainda pode usar essa informação para conquistar autocontrole e se tornar o mestre de suas próprias emoções.

Por outro lado, conhecer a Lua alheia pode ajudá-lo a se aproximar de alguém, captar o que essa pessoa considera importante e, com isso, melhorar sua relação com ela de maneira geral, mesmo que não seja um relacionamento afetivo.

Percebo no meu dia a dia de consultas quanto o padrão lunar é evidente nas pessoas. Somente mapas mais turbulentos geram energias controversas. No geral, a manifestação desse posicionamento planetário é muito consistente.

Configurações pessoais **97**

A seguir, você encontrará a descrição de como a Lua se manifesta em cada signo. Esse é um conhecimento poderoso. É imprescindível ter em mente o uso de tais informações para o bem próprio e de seus relacionamentos. Afinal, nunca é demais lembrar que a energia que colocamos no mundo é poderosa e sempre acaba nos encontrando novamente.

Lua em Áries

A Lua no signo de Áries confere sentimentos intensos, apaixonados – e não apenas no amor.

Quem tem essa Lua precisa se conectar emocionalmente com as coisas, mesmo quando o assunto é trabalho. Essas pessoas só têm energia para fazer quando estão emocionalmente envolvidas com os projetos. Também sentem que é necessário estar no controle da própria vida sempre e têm vigor para ir atrás de seus sonhos e lutar por seus ideais. Por isso, em equilíbrio, é um aspecto que favorece o espírito da iniciativa e do primeiro impulso, uma energia bem ariana. São pessoas dinâmicas e muito seguras de si.

Quando não estão passando por um momento muito bom, por outro lado, podem acabar manifestando emoções de maneira agressiva. Tendem a ser reativas e a agir no calor do momento, sem pensar muito a respeito.

Para um equilíbrio no relacionamento, é bom conhecer bem suas emoções para não se perder em explosões emocionais e acabar afastando ou magoando as pessoas ao seu redor.

Lua em Touro

Essa Lua nos mostra pessoas calmas e tranquilas, de fácil convivência e que buscam relacionamentos pacíficos, tanto na vida afetiva quanto em relações de amizade e profissionais.

Gostam de viver bem, com conforto, e apreciam estar em ambientes bonitos, pois são muito ligadas à estética e à arte. Costumam ter aptidões para áreas artísticas, como música e pintura.

A tranquilidade da Lua em Touro também confere muita constância na vida e, por isso, são pessoas muito confiáveis. Dificilmente vão tomar uma ação motivada por sentimentos, de forma impulsiva. É um aspecto que dá, inclusive, uma acalmada em mapas que, sem esse aspecto, seriam mais dinâmicos.

Por outro lado, quem tem Lua em Touro precisa tomar cuidado para não demorar muito para tomar atitudes necessárias, nem se deixar permanecer em uma situação não muito satisfatória por medo do conflito que pode surgir a partir dessa ação. Quando magoadas, essas pessoas também podem demorar muito para superar a situação.

Lua em Gêmeos

Pessoas com essa Lua tendem a ser mais mentais, a apreciar a vida intelectual e a se interessar por pessoas inteligentes e com quem possam trocar ideias. Mas essa característica mental também pode ser uma desvantagem, afinal, estamos falando de Lua. Lua é sentimento, emoção – áreas da vida que muitas vezes não têm lógica. A Lua em Gêmeos é emocionalmente racional, mais pensa do que sente.

Como é uma Lua questionadora, tem a tendência a sempre buscar explicações lógicas para o que está sentindo. Como muitas vezes não encontra, muitas vezes também não faz ideia de seus sentimentos.

Já deu pra perceber que é uma Lua confusa – só quem a tem entende. Costumam ser pessoas inquietas e que gostam de viver o hoje. Também têm uma tendência a sentimentos e pensamentos contraditórios, o que pode aparentar certa instabilidade emocional.

Para viver de forma harmônica, é necessário que busquem autoconhecimento para aprender a compreender as emoções e lidar com elas com mais clareza. Como gostam de investigar e buscar explicações, talvez busquem o autoconhecimento por conta própria. Outro fator que precisa ser trabalhado é a aparente frieza e a dificuldade de demonstrar sentimentos.

Lua em Câncer

Pessoas com Lua em Câncer são amorosas e gostam de estar sempre cercadas de pessoas queridas, entre os amigos e a família.

Costumam ser confiáveis e afáveis, de fácil convívio. Também são zelosas e cuidadosas em diversos aspectos da vida, e muito mais com as pessoas que amam. Dedicam-se muito às relações e não gostam de ficar sozinhas. Geralmente gostam de estar ao ar livre, em lugares em que possam estabelecer uma conexão com a natureza.

Sendo pessoas sensíveis, costumam sentir as emoções de uma maneira muito forte – mas de maneira diferente da Lua ariana. Câncer volta sua sensibilidade para si mesmo, energia que pode se manifestar em carência e dificuldade de superar traumas. Também é preciso estabelecer limites para não se esquecer de si mesmo ao se doar totalmente aos outros.

Lua em Leão

Pessoas com Lua em Leão são fortes e autônomas. Gostam de fazer as coisas a seu modo e fazem questão de expor seus pontos de vista sobre tudo e sobre todos. E sabem fazer isso, pois são carismáticas e amáveis, sabendo conquistar os outros.

Essas características fazem com que se tornem líderes naturais em qualquer ambiente. Costumam ser bons líderes, pois, geralmente (tudo sempre depende de outros aspectos em um mapa astral), se sentem bem quando estão em destaque. Gostam de chamar a atenção dos outros e de brilhar. São otimistas, animadas e acreditam no seu potencial.

Por outro lado, podem também sofrer com um ego muito frágil, o que pode ocasionar grandes conflitos caso sejam desafiadas ou criticadas. Quem tem Lua em Leão precisa sempre prestar atenção para não se deixar levar pela insegurança e não se comparar tanto com os outros.

Como a Lua também rege o que a pessoa admira e acha belo, os leoninos desse aspecto também são pessoas vaidosas e charmosas, que gostam de cuidar do corpo e de estar sempre arrumadas.

Lua em Virgem

Pessoas com a Lua em Virgem são observadoras e perspicazes. O poder analítico de Virgem faz com que nada passe sem a percepção de seus olhos. Como são detalhistas, são pessoas empenhadas, seja no trabalho ou nos relacionamentos. Adoram se dedicar a quem amam e cuidar de todos ao seu redor.

São pessoas tímidas e reservadas, que gostam de viver no seu mundo, e podem ter dificuldade em falar sobre seus sentimentos. A demonstração do afeto da Lua em Virgem será mais prática, mas sem perder o carinho. Esse lado racional de Virgem também faz com que elas consigam ter clareza na organização de seus sentimentos (perceba que é uma racionalidade diferente da que a Lua geminiana apresenta).

Outro ponto desse posicionamento lunar é em relação à característica que talvez seja a mais difundida desse signo: a crítica. Diferentemente de quem tem Sol em Virgem, quem tem a Lua nesse signo de terra volta seu olhar crítico muito mais para si mesmo. É preciso relaxar mais e se permitir ser quem se é sem tanto medo de errar.

Lua em Libra

Quem tem Lua em Libra é meio Miss Universo: além de estar sempre impecável também está sempre buscando promover a paz entre os povos. São verdadeiras diplomatas natas. Gostam de unir as pessoas e são boas nisso.

Por isso os relacionamentos são importantes. Neles, precisam ter espaço para demonstrar seus sentimentos. São pessoas românticas e adoram agradar seus parceiros afetivos. Se um relacionamento afetivo não vai bem, a Lua em Libra pode sentir essa dificuldade irradiando para outras áreas de sua vida. Por isso trabalham para que tudo fique bem nas relações que constroem. Gostam de partilhar as coisas, gostam de namorar e sabem colocar seus sentimentos em primeiro lugar.

Mas a característica indecisa de Libra aparece aqui também na forma de agir para agradar a todos, como uma maneira de manter as relações em harmonia.

Lua em Escorpião

Pessoas com essa Lua são bastante intensas em relação a suas emoções. Para elas é bem claro quando gostam de alguém, intensidade que também aparece quando o sentimento não é positivo. Amam e odeiam na mesma (forte) medida. Nesse ponto, é uma Lua tão poderosa quanto a leonina.

Nas relações, fazem tudo por quem amam, mas essa intensidade também se manifesta em dedicação integral ao que lhes motiva e faz seu coração bater mais forte. Gostam de se dedicar 100% ao que se propõem. São determinadas e focadas, pessoas que realmente colocam o coração em tudo.

Podemos dizer que quem tem Lua em Escorpião tem os nervos à flor da pele. Tudo é amplificado, sentido mais profundamente. Essa também é a maneira como olham para si e para suas emoções. E é por isso que quem tem Lua em Escorpião precisa tomar cuidado com os extremos. Como gostam de investigar, quase dissecar o que sentem, precisam de cautela para não se deixarem levar por uma espiral de neurose emocional.

É importante não deixarem a determinação se transformar em obsessão e trabalharem para ativar sempre o lado positivo de sua inteligência emocional. A intensidade característica, quando não balanceada, pode deixar as pessoas tensas e dramáticas além da conta.

102 Signo lunar

Lua em Sagitário

Pessoas com essa Lua são alegres, divertidas e gostam de aproveitar a vida. Adoram fazer festas e costumam ter muitos amigos tão alto-astral e divertidos quanto elas próprias. Carismáticas, também conseguem mudam o humor das pessoas ao redor, contagiando todo mundo.

A verdade é que a energia de Sagitário é desbravadora. Produz espíritos livres, visionários, que adoram viajar, trocar e ganhar novas experiências, acessar novas realidades. São essas características que devem ser levadas em conta ao analisar as emoções de quem tem a Lua nesse signo de fogo.

São pessoas que só se satisfarão emocionalmente se tiverem liberdade para dar vazão ao seu lado aventureiro. Isso não quer dizer que não consigam se dar bem nas relações, mas sempre exigem que seus parceiros sejam dinâmicos e dispostos a colocar a energia de troca em ação.

Por isso também não têm muita paciência para sentimentos de tristeza e melancolia. Otimistas, preferem viver a vida de uma forma leve e tranquila a se relacionar com pessoas e situações pesadas.

Um aspecto que merece atenção é a facilidade com que perdem o foco ou o interesse em alguém. Também podem ser muito exageradas e um pouco expressivas e inflexíveis demais na hora de falar sobre relacionamentos ou coisas que as afetem emocionalmente.

Lua em Capricórnio

Quem tem Lua em Capricórnio leva a vida e os relacionamentos com seriedade, assumindo para si a tarefa de cuidar e provar de tudo e de todos. Nos relacionamentos, são pessoas de sentimentos estáveis. Gostam de ter as coisas claras e levam a sério os compromissos que assumem. Encaram com facilidade as responsabilidades que a relação com os outros nos cobra.

Mas esse lado cuidador costuma aparecer somente depois que os laços já estão consolidados. Confiam em poucas pessoas e, seletivas, mantêm apenas relações em que se sintam seguras. Na hora da conquista, a Lua em Capricórnio poder ser bastante enigmática, difícil de decifrar – e por isso sedutora. Como podem ser pessoas sérias e reservadas em relação a seus sentimentos, costumam ter dificuldade em demonstrar seus sentimentos de formas mais convencionais.

Assim, não adianta esperar declarações de amor calorosas e apaixonadas de quem tem Lua em Capricórnio. Esse é um signo muito voltado à vida prática, à energia do trabalho – e é trabalhando pelo bem-estar e a felicidade das pessoas que ele ama e vai demonstrar seus sentimentos.

Outro aspecto a ser trabalhado é a visão melancólica da vida e a vontade de suprimir os sentimentos. É preciso não colocar barreiras para fora ao mesmo tempo que tentar se conectar com o mundo interior. A postura séria e o distanciamento podem causar dificuldades para criar laços emocionais.

Lua em Aquário

Pessoas com essa Lua são criativas e estão sempre prontas para o novo. Precisam de novidades para se sentirem emocionalmente estimuladas. Costumam não gostar de rotina e estabilidade excessiva.

Com tanto dinamismo e imprevisibilidade, é difícil saber o que se passa na cabeça delas. Ao mesmo tempo, para outras coisas, são bastante previsíveis: gostam de estar ao lado de gente. Muita gente. São amigos da família e podem considerar os amigos como uma adição do núcleo familiar. São generosas e esperam o valor de companheirismo – acima do romantismo – em todas as relações.

Por isso também são pessoas preocupadas com causas sociais. Seu inconformismo nato as leva a sempre pensar em maneiras diferentes de realizar as mudanças que acreditam serem necessárias. São ótimas em achar soluções criativas para problemas que pareciam impossíveis e também são altamente sociáveis e comunicativas.

O problema costuma aparecer na esfera íntima, pois precisam estar com alguém que compreenda sua necessidade de conexão com as questões coletivas e que respeite sua necessidade de transitar entre mundos e congregar pessoas de todos os cantos.

Lua em Peixes

Pessoas com Lua em Peixes são emocionais e normalmente mantêm um laço espiritual com a realidade. Gostam de estar em ambientes tranquilos e harmoniosos. São sensíveis e podem ter uma mediunidade mais aflorada. Por isso conseguem também perceber facilmente as emoções alheias e sentir a energia dos ambientes que frequentam.

Se equilibrada, essa é uma Lua de muita empatia e de alta inteligência emocional. Mas atenção: é uma inteligência que nada tem a ver com as categorizações de Virgem e a racionalidade geminiana. A Lua em Peixes se manifesta muito baseada na imaginação e na fantasia. Essas pessoas falam – e sentem – a verdadeira linguagem dos sentimentos.

Conseguem se colocar no lugar das pessoas e ponderar antes de agir. Mas também sentem demais. Precisam poder expressar seus sentimentos para conseguirem dar vazão a tudo e por isso podem ser boas apreciadoras das artes e de coisas que acalentem a alma.

Como são abertas às energias dos outros, em caso de desequilíbrio, podem ser pessoas bem confusas e vulneráveis. Precisam também aprender a impor limites aos outros, pois correm o risco de se doarem demais.

PLANETAS PESSOAIS

Agora que você já sabe as características energéticas básicas de cada signo e já conhece um pouco mais da sua personalidade com a ajuda do seu trio Sol, ascendente e Lua, é hora de ir um pouco além e começar a vislumbrar o céu ao longe. A verdade é que, na astrologia, cada planeta representa um aspecto da vida, e por isso eles não podem ficar fora da conta. A seguir falaremos sobre Mercúrio, Vênus e Marte, considerados planetas pessoais porque demoram um tempo relativamente curto para dar a volta no Zodíaco – e podem dar origem a mapas completamente diferentes no espaço de alguns dias.

109 MERCÚRIO	119 VÊNUS	131 MARTE
110 Áries	120 Áries	132 Áries
111 Touro	121 Touro	133 Touro
111 Gêmeos	122 Gêmeos	133 Gêmeos
112 Câncer	123 Câncer	134 Câncer
113 Leão	124 Leão	134 Leão
113 Virgem	124 Virgem	135 Virgem
114 Libra	125 Libra	135 Libra
115 Escorpião	126 Escorpião	136 Escorpião
115 Sagitário	127 Sagitário	136 Sagitário
116 Capricórnio	128 Capricórnio	137 Capricórnio
117 Aquário	129 Aquário	137 Aquário
117 Peixes	130 Peixes	138 Peixes

MERCÚRIO E A COMUNICAÇÃO

O planeta Mercúrio representa as formas de aprender e de se comunicar. Indica e rege o que as pessoas chamam de mente lógica, a maneira de pensar, o jeito como construímos uma linha de raciocínio e transmitimos nossas ideias.

Saber o Mercúrio do parceiro é essencial em uma relação – acho que todos os casais deveriam fazer um intensivo sobre o tema – pois, conhecendo o Mercúrio do outro, é possível assimilar como ele entende as coisas. De nada adianta ser curto e grosso com alguém de Mercúrio em Câncer – tudo o que você vai conseguir é um rancor para o resto da vida. Ou expor-se de maneira comovente a um Mercúrio em Gêmeos – é capaz de a pessoa levantar e ir embora (acredite, já vi isso acontecer). Ou ser muito detalhista com Mercúrio em Áries. Se não houver cuidado na comunicação, a vida pode se tornar muito difícil. Porém, com atenção, técnica e empatia é possível descobrir a beleza de se comunicar efetivamente com o outro.

Claro que existem posicionamentos mais e menos eficazes de Mercúrio – como Gêmeos e Virgem, signos regidos por esse planeta –, mas o essencial é entender que todos têm sua própria forma de inteligência. Um Mercúrio intrigante é em Aquário. Na escola, eu tinha um melhor amigo muito inteligente, capricorniano com Mercúrio em Aquário. Eu adorava conversar com ele, mas sempre rolava um ar de "O que você está falando?" Ele literalmente desenhava as ideias dele para que eu pudesse entender.

Confesso, esse é o meu planeta preferido na astrologia. Sou apaixonada por comunicação e presto muita atenção em cada detalhe do que o outro diz, coisa do meu Mercúrio em Câncer. Quero transmitir um pouco dessa paixão por transmitir mensagens e ajudar a entender cada detalhe oculto por trás desse posicionamento.

COMO DESCOBRIR O POSICIONAMENTO DE MERCÚRIO?

O trânsito de Mercúrio tem uma característica que permite que ele seja "adivinhado" com grandes chances de acerto mesmo sem a confecção do mapa astral – basta saber o signo solar da pessoa. Há apenas três possibilidades: Ou Mercúrio terá o mesmo posicionamento do Sol ou estará em um signo antes ou depois. Simples assim. Por exemplo, se o signo solar for Aquário, Mercúrio apenas pode estar em Capricórnio, Aquário ou Peixes. Daí é só ler as descrições correspondentes e "adivinhar" baseando-se no que você conhece da pessoa com quem está interagindo.

Mercúrio em Áries

As pessoas com Mercúrio em Áries são curtas e grossas. Evidentemente, devem tomar muito cuidado com isso. São criativas e inteligentes, mas dificilmente conseguem explorar o melhor do seu Mercúrio. A verdade é que seu dom natural é fazer as coisas com dinamismo, tomar decisões rápidas. É uma forma de pensar mais primitiva, quase baseada em instintos. Mas, em uma sociedade tão complexa, na qual devemos levar tantas coisas em consideração antes de tomar uma decisão, a vida de quem tem esse Mercúrio pode se tornar conflituosa. Em compensação, Mercúrio em Áries confere à mente fortes traços de competitividade e transforma a pessoa em ótima executora de ideias.

Se você tem Mercúrio em Áries até pode sair falando tudo o que pensa, mas terá que arcar com as consequências do que diz. Busque a polidez para alcançar equilíbrio. Terá mais êxito se procurar aprender o máximo e se envolver em atividades mais práticas que teóricas.

Para se relacionar melhor com quem tem esse aspecto, é preciso ter paciência e ignorar colocações que pareçam grosseiras e ríspidas.

Mercúrio em Touro

As pessoas com esse Mercúrio buscam construir alicerces. São mais literais e práticas. Esse é um bom posicionamento para Mercúrio, pois Touro o faz ser muito adaptado à realidade terrena – na verdade, todos os posicionamentos em Touro acabam tendo essa vantagem.

Pessoas com Mercúrio em Touro tendem a gostar mais das áreas exatas, de tudo o que aparente ser mais concreto. Para elas, demonstrações materiais são a melhor forma de comunicação. Por exemplo, presentes podem valer mais que apenas palavras de afeto. Embora teimosas, também são bastante ponderadas na hora de manifestar uma opinião, podendo demorar muito até tomar uma posição.

Se você tem Mercúrio em Touro, tente não ser tão resistente a novas ideias e procure exercitar a sua imaginação.

Para se relacionar melhor com quem tem esse aspecto, você precisa provar tudo por a + b, mesmo as coisas mais simples. Busque dados concretos e argumentos convincentes. Conversas muito dramáticas ou papos muito "viajados" podem deixar essas pessoas perdidas ou até irritadas. Seja direto e tente não contestar, pois pode perder muitas horas do seu dia.

Mercúrio em Gêmeos

As pessoas com Mercúrio em Gêmeos são muito engenhosas. Costumam falar rápido e acabam até parecendo dispersas, com zero foco. Mas é natural que alguém com Mercúrio em Gêmeos tenha uma retórica empolgante, com histórias interessantes para compartilhar; a questão é que nem sempre conseguirá se fazer entender. Para quem tem esse Mercúrio, é importante tentar organizar a fala e entender as diferenças de conversar com cada pessoa, com cada Mercúrio. Se um Mercúrio em Gêmeos joga mil informações em cima de um Mercúrio em um signo de água ou terra, perde a credibilidade rapidinho.

Por se comunicar naturalmente bem, existe uma tendência ao desleixo. É importante para quem tem esse Mercúrio buscar ser mais executor, pois ter várias ideias e não realizar nada pode gerar frustrações.

Se você tem Mercúrio em Gêmeos, busque ser mais consistente, disciplinar um pouco mais a sua comunicação. Atente-se aos ouvintes, fale sobre menos coisas, busque profundidade. Aproveitar seu dom e procurar desenvolvê-lo pode ser uma boa, assim como buscar profissões voltadas à comunicação.

Para se relacionar melhor com quem tem esse aspecto, evite falar sobre sentimentos profundos. A resposta pode ser muito decepcionante. Fale sobre ideias e aspectos práticos.

Mercúrio em Câncer

As pessoas que têm esse Mercúrio são emotivas e cuidadosas em suas falas. Quando se magoam, podem guardar rancor por décadas, até pela vida toda. Existe uma preocupação com o sentimento dos outros, e elas esperam reciprocidade. Quando falam algo para ofender ou magoar, porém, vão diretamente na ferida.

Costumam ser pessoas mais caladas e observadoras, inclusive é por isso que conseguem fazer uma leitura emocional e intuitiva das pessoas com quem trocam informações.

São apegadas ao passado e podem chorar com facilidade.

Se você tem Mercúrio em Câncer, tenha consciência de sua sensibilidade e procure se proteger, ponderando mais o que compartilha com as pessoas. Preserve seus sentimentos.

Para se relacionar melhor com quem tem esse aspecto, tome cuidado com suas palavras, atente-se a brincadeiras que possam ser mal interpretadas como ofensivas ou de mau gosto. Pratique a gentileza na fala.

Mercúrio em Leão

Esse é um dos posicionamentos mais contraditórios. Essas pessoas tendem a se dedicar muito em um processo de aprendizagem, são expressivas e se comunicam com confiança. Só tem um "pequeno problema": têm uma gigantesca dificuldade em lidar com críticas. É comum que considerem ter "dificuldades de comunicação" sem perceber que a dificuldade está mesmo no medo de ser criticado. Tenho conhecido diversas pessoas com esse Mercúrio que relutam muito em expressar seu ponto de vista. Para o Mercúrio em Leão ter êxito, é preciso transpor essa barreira. E mais: é preciso tomar cuidado com o temperamento forte de sua comunicação.

Se você tem Mercúrio em Leão, é importante avaliar a maneira como se comunica. Permita expressar suas opiniões, mas, se você for o extremo oposto, pondere sobre o que e como falar em determinados momentos.

Para se relacionar melhor com quem tem esse aspecto, não fale diretamente sobre a pessoa, analisando-a. Converse sobre ideias e projetos criativos. Se você estiver conversando com um Mercúrio em Leão típico, procure ter paciência.

Mercúrio em Virgem

O Mercúrio em Virgem é o mais analítico do Zodíaco. São pessoas atentas e que tendem a se comunicar muito bem. Conseguem aliar informação e eloquência com certa facilidade.

São pessoas focadas, curiosas e dedicadas. É comum que indivíduos com esse posicionamento de Mercúrio trabalhem com vendas ou comunicação social.

Costumam saber ouvir e se posicionar com clareza. Podem ter dificuldades para lidar com pessoas que tomam decisões bruscamente.

Para o Mercúrio em Virgem, cada detalhe é essencial, cada informação é analisada. Essas pessoas podem se prender apenas ao material e acabar tendo uma vida limitada, sem ultrapassar suas próprias barreiras ou serem demasiadamente teóricas. Também existe uma tendência ao pessimismo. Para elas, as chances de algo dar errado sempre são maiores que de dar certo.

Se você tem Mercúrio em Virgem, tome cuidado ao analisar demais as pessoas. Evite rotular sem se dar a chance de conhecer o outro. Também evite postergar decisões por medo de que as coisas não saiam como o planejado.

Para se relacionar melhor com quem tem esse aspecto, seja mais detalhista.

Mercúrio em Libra

Pessoas com Mercúrio em Libra costumam ser inteligentes, ponderadas e muito analíticas. Comunicam-se bem e sempre equilibram seus argumentos a fim de evitar gerar conflitos ou situações embaraçosas.

Podem também aparentar serem indecisas, mas isso não condiz necessariamente com a verdade. Muitas vezes, existe a dificuldade de se posicionar e também de dizer "não", e isso traz situações complicadas quando há uma pressão muito grande para a tomada de partido ou de decisão importante.

Se você tem Mercúrio em Libra, é essencial buscar confiança em suas convicções. Tenho atendido pessoas com esse Mercúrio que acabam vivendo em prol da opinião dos outros e subestimam seu próprio ponto de vista, sem assumi-lo de verdade.

Para se relacionar melhor com quem tem esse aspecto, busque negociar as coisas e coloque sua opinião com respeito. Pessoas com Mercúrio em Libra tendem a ser fáceis de lidar.

Mercúrio em Escorpião

Pessoas com Mercúrio em Escorpião têm uma mente investigativa. Desconfiam de tudo e estão sempre criando teorias da conspiração – e o pior é que muitas vezes estão certas. Gostam de ter o controle de tudo ao seu redor e perguntam sobre tudo e todos. Uma conversa com elas parece mais um interrogatório.

O bom é que também pesquisam muito. Realmente, sem conhecer a pessoa muito bem, não dá para imaginar a profundidade dela. Como são caladas, podem passar uma aura de mistério e parecer conhecedoras de algo que, na verdade, não são, e também podem parecer leigas quando sabem muito. Uma coisa é fato: elas jamais se deixam ser lidas, evitam isso a todo custo. Intuitivamente, sabem o perigo de alguém "ler sua mente", afinal, fazem isso com os outros o tempo todo. Não podemos negar que, além da capacidade de observação, também existem alguns dons naturais. Mercúrio em Escorpião é dotado de uma intuição fortíssima.

Se você tem Mercúrio em Escorpião, aprenda a reconhecer sua intuição e seus instintos. Por outro lado, também é importante dosar seus pontos de vista, já que você tem a tendência de ser muito profundo e visceral em seus argumentos.

Para se relacionar melhor com quem tem esse aspecto, seja verdadeiro e sem pretensões. Afinal, elas vão descobrir tudo mesmo...

Mercúrio em Sagitário

Pessoas com esse Mercúrio são muito expressivas e se comunicam com muita energia. Costumam ser prolixas e sempre estão dispostas a realizar discursos calorosos. Adoram um bate-boca sobre política ou ideologias. Existe uma predisposição a serem pouco práticas.

Também são pessoas alegres e que gostam de tratar de assuntos positivos no geral. Sempre têm uma tirada inteligente na manga, mas também gostam de provocar: existe uma tendência a falar coisas absurdas apenas para chocar os outros.

Os assuntos corriqueiros, do dia a dia, não são seus favoritos: preferem falar sobre coisas incríveis e pouco prováveis. Religião e ocultismo são temas que normalmente as fascinam.

Para dar vazão ao seu lado criativo, devem procurar exercer carreiras nas quais ideias inovadoras sejam valorizadas. Se você tem Mercúrio em Sagitário, nada é impossível. Desperte seu potencial genial com um pouco de pensamento prático e trabalhe a capacidade de falar mais diretamente sobre as coisas.

Para se relacionar melhor com quem tem esse aspecto, fale sobre ideias e conhecimentos maiores. Assuntos rotineiros e questões pragmáticas podem ser difíceis, já que esse Mercúrio não tem o pensamento tão prático.

Mercúrio em Capricórnio

As pessoas com esse Mercúrio costumam ser diretas e práticas, não têm muita paciência para dispersões. Gostam de construir e são ótimas executoras.

Podem se interessar por poucos assuntos, mas são bastante focadas – aprofundam--se nos temas pelos quais se interessam e viram especialistas. Também existe uma tendência a uma arrogância intelectual. São atraídas pelo poder e podem falar muito sobre si. Buscam sempre se destacar e não aceitam ficar para trás. São muito competitivas e, em casos de desequilíbrio, podem, inclusive, passar por cima de todos para alcançar seus objetivos.

São pessoas sinceras e que não medem palavras. Isso pode ser um fator prejudicial, pois acabam magoando as pessoas ao seu redor sem perceber, principalmente as mais sensíveis.

Se você tem Mercúrio em Capricórnio, tome cuidado para não esnobar os conhecimentos alheios e não ficar o tempo todo se achando o dono da razão.

Para se relacionar bem com quem tem esse aspecto, é preciso ser direto, tentar estruturar bem o pensamento e ignorar caso elas insistam em ter sempre razão.

Mercúrio em Aquário

As pessoas com esse Mercúrio são aquelas bem aleatórias, que falam coisas desconexas e vão fazendo digressões até conseguir ir "fechando os parênteses". É uma forma diferente e curiosa de se comunicar, já que nunca podemos saber o que virá na sequência.

São pessoas criativas e cheias de ideias para melhorar o mundo ou resolver um problema específico. Quando conseguem ter foco, são trabalhadoras incansáveis. É importante para essas pessoas trabalharem em áreas criativas. Tarefas repetitivas podem deixá-las com uma impressão de vida vazia.

Pelo ponto de vista sempre diferente e inusitado, conversar com quem tem esse posicionamento é viajar para outro mundo. No desequilíbrio, são comumente pessoas bem infantis.

Se você tem Mercúrio em Aquário, procure não criticar a ideia dos outros apenas por teimosia e ter tato para falar com os mais emotivos, evitando comportamentos que possam parecer grosseiros.

Para se relacionar bem com quem tem esse aspecto, não espere respostas ou reações muito afetuosas. Concentre-se em ideias e conceitos.

Mercúrio em Peixes

As pessoas com esse Mercúrio são imaginativas e um tanto dispersas. Aparentam estar sempre fora da órbita, podendo, inclusive, se desconectar totalmente da realidade terrena. O importante é que quem tem esse aspecto leve as coisas com tranquilidade, sabendo transitar pelo concreto e pelo abstrato. Por terem percepções bem diferentes da vida, pessoas que atingem o equilíbrio com esse posicionamento conseguem ser geniais e podem revolucionar a sociedade.

São pessoas altamente intuitivas e acabam se conectando com outras dimensões espirituais mesmo sem conhecimento teórico sobre espiritualidade.

Em desequilíbrio, podem ser pessoas mentirosas e manipuladoras. Como seu conhecimento sobre as emoções humanas é intuitivo, acabam utilizando isso para se aproveitar de outras pessoas ou grupos.

Se você tem Mercúrio em Peixes, desenvolver a espiritualidade é fundamental. Uma pessoa cética com esse posicionamento não está aproveitando devidamente seu potencial de comunicação.

Para se relacionar bem com quem tem esse aspecto, busque falar de forma emocional e evite assuntos ou relações de dependência, pois isso pode se tornar uma grande armadilha.

MERCÚRIO RETRÓGRADO

Talvez esse seja o mais famoso e impopular aspecto de todos. Mas, afinal, o que ele significa? Chamamos de retrogradação a sensação de que um planeta mudou o sentido de seu movimento e está "andando para trás" e não mais para a frente na roda do Zodíaco. Essa é uma impressão ótica que temos a partir da nossa perspectiva na Terra – não quer dizer que os planetas realmente comecem a se movimentar em outro sentido.

Para a astrologia, quando um planeta está retrógrado, sua energia de certa forma se bloqueia – e é por isso que Mercúrio retrógrado se destaca, já que a comunicação tem papel fundamental em todos os aspectos de nossa vida. Dias de Mercúrio retrógrado são mais propensos a atrasos, mal-entendidos e confusões.

Quando se realiza um mapa astral com um astrólogo, ele também sabe indicar se algum planeta estava retrógrado no momento do seu nascimento. Geralmente isso significa alguma dificuldade energética em algum setor – o processo de autoconhecimento proporcionado pela astrologia tem a ver com superar tais dificuldades.

VÊNUS E O AMOR

O planeta Vênus na astrologia está relacionado à forma como demonstramos sentimentos, como projetamos nossas expectativas nos relacionamentos e como expressamos nossos gostos do dia a dia. Por exemplo, é muito difícil que uma pessoa com Vênus em Libra saia de casa desarrumada, ao contrário de alguém com Vênus em Sagitário, que costuma ser mais relaxado e descontraído. Pessoas com Vênus em Virgem preferem roupas mais discretas e não gostam de chamar atenção, o oposto de Vênus em Leão, que se veste justamente para impressionar.

Em termos de demonstração dos sentimentos, cada Vênus irá se manifestar de uma forma e com interesses específicos em diferentes tipos de relacionamentos. Por esse motivo é que vemos tanta incompatibilidade em algumas relações enquanto outras são altamente compatíveis. Para ilustrar essas situações, Vênus em Touro teria sérios problemas ao se relacionar com Vênus em Gêmeos, já que este busca relacionamentos mais intelectuais e aquele, relações mais compromissadas e sólidas. Por outro lado, a relação entre Vênus em Touro e Vênus em Capricórnio terá maior compatibilidade, visto que ambas buscam segurança nas relações. Imagine só alguém com Vênus em Aquário se relacionando com Vênus em Câncer: aquele dificilmente irá declarar um relacionamento publicamente, pois tem grande resistência a vínculos afetivos, enquanto Vênus em Câncer facilmente se conecta e terá mais chances de sofrer com esse relacionamento.

Planetas pessoais **119**

Obviamente, para bater o martelo sobre se um casal funciona ou não, não basta apenas verificar a compatibilidade do posicionamento do planeta Vênus: como sempre, o mapa astral deve ser visto como um todo. Um casal com Vênus teoricamente incompatíveis pode se dar muito bem baseado em outros aspectos do mapa. Isso pode ser conferido na sinastria amorosa.

MAPA DE SINASTRIA AMOROSA

Meu signo combina com o do *crush*? Essa é uma pergunta aparentemente inofensiva, mas que pode ser muito complexa. Em sua resposta, várias coisas devem ser levadas em conta: a Lua, que mostra como lidamos com os sentimentos; Vênus, que mostra nossa forma de amar e gostos pessoais, e Marte, que representa a sexualidade e as atitudes. Além disso, ascendente e casas astrológicas também contam muito. Para isso, uma resposta mais acertada sobre qualquer pergunta que envolve relacionamento – seja ele amoroso, amigável ou profissional – necessita da realização de uma sinastria: a leitura do mapa astral resultante da combinação dos mapas individuais das pessoas que fazem parte do relacionamento em questão.

Vênus em Áries

As pessoas com Vênus em Áries são impulsivas e não têm muita paciência para esperar a atitude do outro. Rapidamente mostram seus interesses ao pretendente. São parceiras e leais, não admitindo dúvidas quanto ao relacionamento por parte do parceiro. Buscam uma relação verdadeira, em que possam se expressar livremente. A sexualidade é um ponto essencial na relação, pois Vênus em Áries, tal como o signo de Áries, tem um comportamento primitivo, encarando a demonstração de desejo sexual como afeto.

Entendendo Vênus em Áries como essa forma primitiva de amar, podemos compreender melhor esse posicionamento. São pessoas que desejam parceiros que as defendam e as protejam em situações de conflito e perigo, pois aí reside uma forma de expressão do amor plena para esse Vênus. Por outro lado, também estão dispostas a defender quem amam independentemente do risco que possam correr.

Pessoas decididas podem dar muito certo com esse Vênus, pois existe uma grande tendência de jogar o parceiro contra a parede quando algo estiver mal resolvido. Vênus em Áries não gosta de rodeios, vai direto ao ponto e sabe o que, quando, onde, como e por que quer. Não faz jogos amorosos e não tem receios de revelar suas intenções. Quando alguém com Vênus em Áries estiver a fim de você, certamente você o saberá. Caso a pessoa demonstre apatia ou desinteresse, não é bom insistir, pois, além de perder o seu tempo, estará se arriscando a levar um fora grosseiro em público. Se você tiver a chance de ficar com uma pessoa com Vênus em Áries, mostre seu potencial de cara, não esconda ou faça jogo, caso contrário, não terá outra chance. Se você não puder se doar por inteiro, não terá nada!

Vênus em Touro

As pessoas com Vênus em Touro precisam se sentir emocionalmente seguras para se entregar. Buscam parceiros que admiram, principalmente no que diz respeito ao trabalho. São tranquilas e não têm o hábito de flertar. Esperam ser abordadas por pretendentes e demonstram certa insegurança para iniciar relacionamentos. Também têm grande dificuldade nos términos e acabam sofrendo por muito tempo, já que só se permitem se entregar quando têm alguma certeza de que a relação será duradoura. Por isso podem parecer apáticas no início da relação.

É comum as pessoas com Vênus em Touro buscarem companheiros com beleza inferior à delas como forma de se sentirem seguras na relação. Costumam ser elegantes e charmosas, e facilmente o parceiro fica para trás em questão de bom gosto. Adoram lugares tranquilos e sofisticados, buscam pessoas com sucesso financeiro e *status* social. Querem um relacionamento dos sonhos, com segurança financeira e emocional, tendo a certeza de que não serão abandonadas.

Quando se encontram em uma relação segura, podem ficar acomodadas e deixar a chama da paixão esfriar. Comumente esse vem a ser o principal motivo de términos nas relações das pessoas com Vênus em Touro. Como são estáveis, não costumam ser quem põe o ponto-final, mesmo que a relação não esteja mais satisfatória.

Vênus em Gêmeos

As pessoas com Vênus em Gêmeos estão entre as que mais têm dificuldades de relacionamento no Zodíaco. Vamos trabalhar com a sinceridade? Todo mundo sabe que Vênus em Gêmeos nunca decide o que realmente quer! É um posicionamento conflitante, afinal a energia desse signo não tem nada a ver com a de Vênus. Vejo muitas pessoas com esse posicionamento tendo problemas o tempo inteiro!

Para começar, no início de suas vidas, alimentam amores platônicos. Quando têm, enfim, a oportunidade de se relacionar, podem lidar com o parceiro de uma forma muito estranha, não demonstrando seus sentimentos com receio de serem rejeitadas. É comum não se sentirem merecedoras de amor, talvez porque não demonstram o que sentem e acabam sendo rotuladas como pessoas sem sentimentos.

Para esse Vênus, trocar ideias, conversar sobre um livro, sobre um seriado e até sobre ideias filosóficas é como uma declaração de amor – que podem taxar de clichês. Já parou para pensar que o fato de gostar da companhia de alguém não quer dizer necessariamente amor? Talvez a pessoa seja simplesmente agradável. Vênus em Gêmeos se apaixona por boas companhias, mas amar é muito mais que isso. É preciso desenvolver confiança, lealdade, parceria, afetividade (Ei, afetividade significa abraçar, falar o que sente, abrir suas inseguranças, seus limites, se entregar, falar do que agrada ou desagrada... O.k.?). Provavelmente por isso as pessoas com Vênus em

Gêmeos não sabem o que sentem. É comum não terem a percepção, o *feeling* do que é racional e do que é emocional. Afinal, é Vênus em Gêmeos! É preciso trabalhar bem esse aspecto com autoconhecimento e desenvolvimento das emoções. Inclusive, tenho atendido vários adultos que ainda não atingiram essa maturidade. Para se relacionar melhor, tente se envolver e se permitir exteriorizar afetos e emoções. Só com a exposição dos seus sentimentos você terá uma relação próxima das suas divagações mentais e de seus amores platônicos. Por que não materializar seus desejos mais íntimos, tirá-los do plano mental?

Vênus em Câncer

As pessoas com Vênus em Câncer costumam ser carinhosas e bem abertas aos relacionamentos. Não conseguem esconder o que sentem. Quando estão em uma relação, são tranquilas, cuidam da outra pessoa e buscam relacionamentos duradouros. Como querem segurança, mas não se sentem tão seguras de si, podem tornar-se submissas e acabar vivendo relacionamentos abusivos, com situações de chantagem, maus tratos e desvalorização.

Existe a tendência a viver em função do parceiro, dedicando ao outro toda a sua energia vital. Essa dinâmica é extremamente prejudicial à pessoa, e, ao fim desse tipo de relacionamento (que certamente chegará ao fim), ela se sente emocional, financeira e fisicamente destruída. Na tentativa de mimar o parceiro, abre mão de sua própria vida e, quando o parceiro ou parceira perde o interesse (convenhamos, uma pessoa que vive para o outro não é muito interessante!), se vê sozinha e sem nada.

Porém, você não precisa passar por isso! É importante para todos com esse aspecto trabalharem o amor-próprio e a autoconfiança antes de amar qualquer outra pessoa. Nenhum amor deve ser maior que o amor por você mesmo, essa é a grande lição para Vênus em Câncer.

Quando tem maturidade para transcender a insegurança e o medo de ficar só, acaba sendo um excelente parceiro afetivo!

Vênus em Leão

As pessoas com Vênus em Leão buscam relacionamentos ideais e não aceitam nada menos que isso! Elas se supervalorizam e esperam que o parceiro faça o mesmo. Já andou na rua e viu aquela pessoa super arrumada, cabelo alinhado, sapato brilhando de tão limpo, um *blazer* branco impecável e muito *glamour*? É provável que você tenha visto alguém com Vênus em Leão. São pessoas vaidosas, gentis, elegantes, comportadas e buscam sempre estar na sua melhor apresentação. Você nunca verá um Vênus em Leão na *bad* – eles se preservam e ficam em casa.

Essas pessoas buscam relacionamentos leais e demoram muito para se entregar. Como costumam ser cobiçadas, acabam tendo vários pretendentes e avaliam todos até encontrar o melhor na sua percepção. A verdade é que as pessoas com Vênus em Leão buscam ser protegidas, preferem pessoas fortes (física e intelectualmente) e com desenvoltura social, alguém capaz de brilhar ao seu lado. Não gostam de quem busca chamar atenção, nem de pessoas tímidas e retraídas. Buscam pessoas seguras de si e com certa discrição. Para conquistar alguém com Vênus em Leão não hesite em demonstrar seus dotes e potenciais. A energia leonina é territorialista, então esse Vênus buscará em seu parceiro alguém com vontade de conquistar novos horizontes e fazer crescer o império conjugal.

Essas pessoas almejam relações duradouras, constantes e seguras, e querem ser conquistadas e cortejadas. Dê o seu melhor caso queira ter sucesso nesse relacionamento! A pessoa com esse Vênus não terá paciência para perfis frágeis e melancólicos.

Vênus em Virgem

As pessoas com Vênus em Virgem tendem a ser mais reprimidas e tímidas, e é comum que se sintam mais inseguras para demonstrar seus sentimentos.

O perfeccionismo virginiano contrasta com a energia harmônica e leve de Vênus. Devido a seu rigor na busca da perfeição nos relacionamentos, essas pessoas tendem a adotar uma postura extremamente crítica e dura consigo mesma e com o parceiro. Esse clima pode comprometer a relação deixando o ambiente pesado e desarmônico, tirando a espontaneidade da entrega emocional. Afinal, como se entregar emocionalmente a quem reclama de tudo? É comum para as pessoas com Vênus em Virgem terem dificuldades nas relações afetivas, pois esperam muito do outro e nem sempre oferecem aquilo que almejam. Podem ser muito frias e fechadas e, no entanto, esperam que o parceiro demonstre afeto e aceite críticas tranquilamente.

Também pode acontecer de essas pessoas entrarem em relações indignas, em que não são valorizadas, pois podem não se sentir merecedoras de amor. A forma de expressar seu afeto é com cuidados do dia a dia, tais como cozinhar ou comprar comida para o parceiro, levar o carro para revisão, cuidar para que a casa esteja sempre limpa, comprar uma camisa nova para o outro ir trabalhar... Por esse motivo, nem sempre fica visível o afeto nas suas expressões físicas ou verbais, mais parecendo cuidados maternais/paternais. Se você tem Vênus em Virgem busque cautela nesse zelo todo para não se tornar uma segunda mãe ou um segundo pai, esfriando a relação sexual, afetiva e a parceria de igual para igual. Entenda que sua demonstração de afeto é muito válida, só que pode criar um vínculo de dependência no qual você será mais útil que desejado. Pense em se cuidar primeiro, tornando-se essa pessoa perfeita que busca no outro – dentro do que é possível –, assim você se tornará mais autoconfiante e atraente. E se dedique um pouco menos ao parceiro para não sufocá-lo e deixar aquele gostinho de quero mais! Enfim, essa não seria a sua relação perfeita?

Vênus em Libra

As pessoas que têm Vênus em Libra são arrumadas, cheirosas, sedutoras. A energia desse signo tende a sempre buscar um relacionamento. Quase sempre obtêm sucesso, visto que elas têm alta capacidade de entender o outro e se moldar para agradá-lo, virando aquele príncipe ou princesa de conto de fadas. Essa característica se deve ao fato de serem pessoas um tanto inseguras e terem bastante medo da rejeição. No entanto, pense que algo muito idealizado pode se tornar uma experiência plastificada e sem conexão real. Em decorrência disso, pode acontecer de, depois que o conto de fadas termina, tornarem-se pessoas escorregadias e impacientes com o parceiro. Isso acontece porque a pessoa se cansa de interpretar o papel que ela mesma criou. Ou seja, a pessoa que era sedutora, amorosa, ideal, romântica e praticamente perfeita, de repente, deixa de existir.

É importante para quem tem esse aspecto compreender que tem o dom de agradar e realmente trabalhar para se tornar essa pessoa "ideal". No entanto, é bom se perguntar: "ideal para quem?" Em geral, buscamos pessoas únicas, verdadeiras, genuínas para um envolvimento afetivo. E o envolvimento significa deixar-se conhecer e dar ao parceiro a real oportunidade de saber como é estar em um relacionamento com você. Se você tem Vênus em Libra, reflita sobre o que busca em uma relação. Fazer tudo que o outro quer dificilmente trará algum nível consistente e duradouro de felicidade. Se quiser um relacionamento perfeito, por que não buscar um parceiro perfeito para você? Afinal, ninguém é responsável sozinho por uma relação.

Caso você se relacione com alguém com Vênus em Libra, tente dar espaço para essa pessoa se abrir e demonstrar seus próprios sentimentos, mostre o que você sente e não cobre muito, pois isso a pessoa já faz bastante consigo mesma.

Vênus em Escorpião

As pessoas com Vênus em Escorpião são intensas. Procuram lealdade e uma pessoa para a vida inteira. Tendem a ser desconfiadas, tendo muito receio de serem traídas. Caso você se relacione com alguém com Vênus em Escorpião, cuidado com situações que tragam dúvidas quanto a sua fidelidade. Quando se apaixonam, entregam-se totalmente e não medem esforços para que a relação dê certo. Podem levar muito tempo para conhecerem seus sentimentos, mas, com a idade, tendem a ficar mais seguras e assertivas.

Em caso de desequilíbrio, podem ser ciumentas, agressivas, briguentas e explosivas, chegando ao ponto de chantagear e manipular emocionalmente o parceiro. No entanto, quando bem direcionada, essa energia pode propiciar muito romantismo, entrega sexual plena, dedicação e devoção.

Para se relacionar melhor com alguém com Vênus em Escorpião é importante desenvolver o diálogo e medir suas palavras, porque a intensidade desse Vênus pode gerar conflito por simples mal-entendidos. Busque ser claro nas suas colocações. Caso contrário, prepare-se para ser investigado com o rigor do FBI.

As pessoas com Vênus em Escorpião costumam escolher, e não serem escolhidas. Dificilmente você chegará ao seu coração caso esse alguém já não esteja previamente de olho em você. É uma pessoa conquistadora, aproveite essa característica para intensificar a sedução.

Para seduzi-la, dentro e fora de um relacionamento, busque surpreender; demonstre o que você sente, mas não entregue todo o jogo. Deixe-se ser conquistado por ela.

É importante que essas pessoas tomem cuidado com atitudes obsessivas, devendo buscar deixar a relação mais leve, sem pressionar o parceiro. Se você tem Vênus em Escorpião, permita-se viver o relacionamento com seu charme e poder de conquista e encantamento.

Vênus em Sagitário

As pessoas com Vênus em Sagitário são livres, abertas e inovadoras, se apaixonando e desapaixonando rapidamente. Gostam de conhecer pessoas e novas formas de amar, honrando o famoso "amor de verão". É natural que prefiram relacionamentos leves, tranquilos, soltos e sem cobranças, porém essa realidade é mais complicada quando se deseja compromisso. Por esse motivo, há certa resistência dessas pessoas para embarcarem em relacionamentos sérios, parecendo serem descomprometidas.

É importante que busquem pessoas que compreendam e compartilhem da sua visão, que gostem de viajar e experimentar coisas novas juntos.

O pior pesadelo para pessoas com esse aspecto são relações monótonas e previsíveis.

No entanto, para investir em uma relação sólida com esse Vênus, é preciso ser flexível, evitar conflitos e cobranças, manter um diálogo aberto, negociar pontos de vista distintos. É essencial inovar na relação com passeios diferentes, aventuras, cursos e novas experiências em conjunto.

A pessoa com Vênus em Sagitário tende a se atrair por pessoas de culturas e países diferentes do seu e por pessoas muito bem-humoradas. Preferem alguém culto e interessante, pois valorizam muito a troca de ideias e conhecimentos.

Se você tiver Vênus em Sagitário, ao decidir assumir um compromisso, honre a sua palavra, posicionando-se como parte integrante do casal. Não iluda a pessoa, demonstre suas opiniões, seja sincero e honesto. Também não há por que temer um relacionamento. Afinal, uma relação pode ser saudável para todos desde que você respeite suas necessidades individuais, bem como as do seu parceiro.

Vênus em Capricórnio

As pessoas com Vênus em Capricórnio buscam relacionamentos sérios, em função do seu comprometimento e dedicação, atitudes que também exigem do parceiro, aliás. Não suportam perder tempo ou energia em empreendimentos sem futuro e pensam o mesmo sobre suas relações. Elas se atraem por pessoas bem-sucedidas, estrategicamente bem relacionadas e que se dedicam com afinco à própria carreira e ao planejamento do futuro. Pessoas dispersas e descomprometidas não passam na peneira do coração de quem tem Vênus em Capricórnio. A tendência é terem relacionamentos longos e apresentarem dificuldades para lidar com términos.

Para esse Vênus não existe maior amor do que ter sua vida cotidiana facilitada pelo parceiro. Receber o carro emprestado lavado e com tanque cheio, ter algum boleto pago sem esperar ou atitudes desse tipo garantem um acesso VIP ao coração de quem tem Vênus em Capricórnio.

Ao se relacionar com essas pessoas, também espere por alguém comprometido a ponto de ajudá-lo em algum trabalho, nas tarefas de casa ou a traçar planos consistentes para o futuro. Elas precisam se sentir seguras nos relacionamentos e, quando se envolvem, se entregam totalmente – depois de um certo tempo.

Para quem tem esse Vênus é importante perceber que uma relação afetiva é primordialmente um vínculo emocional e não uma troca de favores e serviços. Cuidado para não fazer essa dinâmica predominar no relacionamento. Caso isso aconteça, você pode ter a sua energia bloqueada, impedindo a vivência e as demonstrações de sentimentos e perdendo a riqueza de uma relação feliz.

Vênus em Aquário

As pessoas que têm Vênus em Aquário buscam relacionamentos modernos e descolados, em que a expressão do amor não seja limitada por padrões sociais. Muitas vezes acabam se relacionando com amigos próximos porque gostam de boas companhias, que comunguem dos seus ideais. Dificilmente se relacionam apenas pela afeição, uma vez que suas emoções estão vinculadas mais à área racional e ao campo das ideias.

Na verdade, a energia de Vênus pouco tem a ver com a de Aquário, sendo esse um aspecto conflituoso. Por tal motivo, essas pessoas têm certos desafios ao se relacionarem afetivamente. Vênus busca harmonia, beleza, tranquilidade, enquanto Aquário necessita do caos, da ruptura, do diferente. Sendo assim, suas relações são indefinidas, gerando uma tensão nos pretendentes, que ficam inseguros, sem saber o que esperar. Apostar em um relacionamento desses é para quem gosta de aventuras amorosas. Você pode ter uma relação com alta troca intelectual, com o risco de não ter estabilidade e segurança emocional. Por conta disso, é comum que pessoas com tal aspecto acabem atraindo companheiros desequilibrados e difíceis, criando um estigma interno de que relacionamentos são complicados.

É importante para a pessoa com Vênus em Aquário entender que pode haver uma troca intelectual em um relacionamento saudável e tranquilo, basta se posicionar e deixar claro para o parceiro suas necessidades afetivas.

Vênus em Peixes

As pessoas com Vênus em Peixes costumam criar, em sua cabeça, relacionamentos ideais e projetar seus sonhos no parceiro, mas se esquecem de comunicá-los. Podem ter um grande lapso entre suas expectativas e a realidade. Acabam por iniciar e finalizar vários relacionamentos durante a vida, sem saber lidar com a realidade material, criando ilusões, vivendo grandes amores sem ao menos a outra pessoa saber de sua existência.

São do tipo que, logo que conhecem alguém, criam roteiros e diálogos de filme em sua mente. É importante para quem tem Vênus em Peixes compreender do que se faz esse relacionamento perfeito que tanto busca, para conseguir algum dia materializá-lo.

É muito comum ver pessoas com esse Vênus idealizando os outros por sua aparência e sinais exteriores de riqueza. O problema é que esses atributos nem sempre revelam o que a pessoa é de fato. Podem achar que encontraram o príncipe ou princesa encantada e descobrir que era um sapo. Para uma vida feliz e saudável, evite ilusões e situações que possam colocá-lo em risco por dar credibilidade a pessoas que não se mostram dignas de confiança. Convém mais saber o que realmente se espera de uma relação a buscar uma pessoa e encaixá-la à força em seus sonhos.

MARTE E A ATITUDE

Na astrologia, o planeta Marte simboliza o temperamento e a sexualidade. Gosto da analogia de comparar Marte a um motor: ele que faz com que você aja. Alguns posicionamentos são mais rápidos, outros mais fortes, alguns mais constantes, outros instáveis... Por isso é importante nos relacionarmos com pessoas de boa compatibilidade. Por exemplo, pessoas com Marte em Câncer e Marte em Peixes tendem a se dar bem, pois compartilham valores como agir em prol do que se ama. Marte em Gêmeos está sempre à procura de novas experiências e conhecimentos, tendo uma grande dificuldade em ser constante. Já as pessoas com Marte em Virgem são altamente metódicas e organizadas.

Marte também tem uma forte relação com a sexualidade. Alguns são mais sexuais, outros menos; alguns buscam dominar enquanto outros querem apenas se divertir. Para uma boa química, busque uma combinação com alto grau de atratividade sexual. É muito comum Martes em quadratura se atraírem, porém é uma fria! (Vamos falar mais sobre quadratura e outros aspectos a partir da p. 203.) Busque Marte de elementos opostos (fogo × terra; ar × água) ou do mesmo elemento para melhor compatibilidade sexual e na convivência.

MARTE E AS CASAS ASTROLÓGICAS

Além do posicionamento nos signos, a casa astrológica em que Marte se encontra no mapa astral também influencia muito. Pessoas com Marte no mesmo signo, mas com esse planeta em casas distintas tenderão a agir de maneiras diferentes. A seguir, além de falar um pouco sobre cada signo, também darei alguns exemplos sobre como essas diferenças podem aparecer, mas para entender tudo direitinho mesmo continue lendo o livro! (Vamos falar mais sobre as casas astrológicas na p. 173.)

Marte em Áries

As pessoas com esse aspecto adoram agir, estar em movimento, fazer acontecer. Conviver com alguém com Marte em Áries é um vendaval, tudo se passa na vida da pessoa e não dá para acompanhar o movimento. Iniciam e terminam coisas, outras vezes desistem e começam novamente, mas estão sempre em movimento. É um aspecto de pessoas que vão para cima, que partem para o ataque, que não têm medo, só vão.

Na vida sexual, são mais dominadoras, adoram se sentir no controle das coisas. Gostam de ter uma postura mais provedora em relação a seus parceiros afetivos. Vão atrás do que querem e não medem esforços para lutar por suas metas e seus desejos.

Um Marte em Áries na casa 1 difere muito de um na casa 5. O primeiro é uma pessoa bem impulsiva e expressiva. Tende a ser mais individualista e a fazer tudo do seu modo. Já as pessoas com Marte na casa 5 acabam preferindo viver em grupo, mesmo assumindo posição de liderança (o que geralmente ocorre por conta da energia de Áries).

Marte em Touro

As pessoas com esse aspecto são lentas e constantes, do tipo "devagar e sempre". Gostam de ter uma vida mais previsível e sentem dificuldade para mudar seus hábitos. Veja só, uma pessoa com Marte em Touro pode ter o hábito de viajar ou de fazer coisas que não sejam convencionais, mas dificilmente vai fazer algo fora da rota. Gostam de repetir o mesmo caminho sempre. Quando focam em algo, são implacáveis.

São pessoas bem sensuais e sexuais. Gostam de relações com romantismo e dedicação do parceiro. Para elas, o clima é essencial. Adoram intimidade, e a vida a dois tende a ser bem rica.

Marte em Touro na casa 7 acaba sendo bem diferente de Marte em Touro na casa 10. A presença desse planeta na casa 7 traz o foco para relacionamentos confiáveis e estáveis. São pessoas que sempre cuidarão muito bem dos que amam. Já Marte em Touro na casa 10 vai estar direcionado para a vida profissional, agindo constantemente no caminho do sucesso e usando seu tempo para fazer cursos e se dedicando bastante ao trabalho.

Marte em Gêmeos

Pessoas com Marte em Gêmeos são bem mutáveis, voláteis, vão de um lado para outro o tempo inteiro. Costumam gesticular muito e adoram conversar. Falam de uma incrível variedade de assuntos e necessitam de uma vida bem agitada. É importante para quem tem esse Marte desenvolver o foco, do contrário, podem ter sérios problemas.

Lidam com o sexo como se fosse uma brincadeira, preferem explorar o corpo do outro de forma leve, lúdica. Não costumam gostar de muita intensidade emocional. Preferem novidades.

Marte em Gêmeos na casa 2 difere muito de um Marte na 11. Marte na casa 2 é muito criativo em relação à vida financeira e em relação a fazer dinheiro. É uma

Planetas pessoais **133**

pessoa que usa sua comunicação e seu jogo de cintura inclusive para fazer amizades estratégicas. Já Marte na casa 11 também é uma pessoa de contatos, porém o foco está na comunicação social.

Marte em Câncer

As pessoas com esse Marte agem de acordo com o que sentem, precisam agir com o coração. Para elas, uma decisão só tem valor se tiver base emocional. Costumam pensar em favor das relações familiares e afetivas. E mesmo no trabalho, acabam tomando atitudes pelo que sentem. Costumam ser pessoas mais sutis, não são do tipo que entram em conflitos.

Já na vida sexual, são emocionais e não se dispõem a ter envolvimento sexual com quem não têm ligação afetiva. Gostam de se entregar e ficar com pessoas que curtem ter relacionamentos sérios.

Marte na casa 3 e Marte na casa 8 são totalmente diferentes. As pessoas com esse posicionamento na casa 3 são bem proativas em seus relacionamentos e adoram conversar, principalmente sobre questões emocionais. Costumam falar e agir com muito cuidado para não correr o risco de magoar ninguém. Já as pessoas com Marte na casa 8 agem de forma discreta, até mesmo oculta. Não falam muito e podem ser extremamente tímidas.

Marte em Leão

Pessoas com esse aspecto são dominadoras e sabem o que querem. Dificilmente vão agir sem ter um objetivo claro em mente. São pessoas leais e constantes. São conquistadoras e territorialistas, mas não competitivas.

No sexo, são pessoas que querem sempre surpreender, ser a melhor experiência que seu parceiro afetivo já teve na vida. São muito sexuais e precisam se sentir desejadas para ter interesse sexual.

Marte em Leão na casa 1 é bem diferente de Marte em Leão na casa 3. O Marte em Leão na casa 1 vai atrás do que quer e não aceita nada menos do que aquilo que foi buscar. É bem vaidoso, gosta de cuidar da sua aparência. Já a pessoa com Marte em Leão na casa 3 é centrada na vida intelectual, busca *status* na vida acadêmica e pode se apaixonar pelo ensino, tornando-se ótimo professor.

Marte em Virgem

Pessoas com esse aspecto costumam "comer quietas", são discretas sobre o que estão fazendo. São perfeccionistas e costumam prestar muita atenção em tudo. No entanto, podem acabar deixando de agir por medo da crítica dos outros, já que são muito exigentes. Para ter mais êxito, precisam pegar mais leve e aceitar que o erro faz parte do aprendizado.

Gostam de inovar no sexo. Podem ser meio tímidas no início, mas rapidamente se soltam. Costumam ser bem sexuais e apreciam muito os momentos íntimos.

Uma pessoa com Marte em Virgem na casa 3 não vai agir do mesmo modo que uma pessoa com Marte em Virgem na casa 6. A pessoa com esse planeta na casa 3 é comunicativa e didática e sempre buscar trazer algo novo para os seus interlocutores. Pode se interessar muito por ensinar, tornando-se professor independentemente da área de atuação. Já a pessoa com Marte em Virgem na casa 6, mesmo sendo metódica, será muito prática, talvez nem tenha paciência para explicar algo. Dependendo do posicionamento de Mercúrio, pode até mesmo ser tímida e calada.

Marte em Libra

As pessoas com esse posicionamento tendem a ser indecisas, ponderam tudo, são mais prudentes e buscam agradar a todos com suas atitudes. São estrategistas e inteligentes, acabam muitas vezes tendo tudo o que querem por conta da atitude moderada.

Na vida sexual, gostam de um parceiro que domine e conduza. Afinal, Marte em Libra busca agradar sexualmente o outro.

Marte em Libra na casa 1 difere muito de Marte em Libra na casa 10. As pessoas com Marte na casa 1 são proativas, conciliadoras, firmes porém agradáveis e prezam seus interesses pessoais. Já as pessoas com Marte na casa 10 têm uma postura de liderança, buscando gerir equipes, tendo melhor desempenho no comando de uma organização, um empreendimento ou um órgão público.

Marte em Escorpião

As pessoas com esse posicionamento são intensas e extremistas. Lidam com a vida no "tudo ou nada" e obviamente devem tomar cuidado com isso, já que essa dificuldade para lidar com coisas simples da vida pode causar sérios problemas de relacionamento e de saúde.

Na vida sexual também são intensos. Envolvem-se de corpo e alma, não sabem ser meio--termo. Querem viver tudo ali, podem fazer sexo por horas.

Uma pessoa com Marte em Escorpião na casa 4 e outra com Marte em Escorpião na casa 5 agem de maneiras diferentes. A pessoa com Marte na casa 4 é mais tímida, retraída, e quieta. Por outro lado, a pessoa com Marte em Escorpião na casa 5 quer ostentar todo o seu poder publicamente.

Marte em Sagitário

As pessoas com esse aspecto são agitadas e aventureiras. Não se prendem a nada e estão sempre em busca de algo novo para fazer. Podem demorar para focar em alguma coisa na vida. É importante buscar profissões em que possam ter experiências variadas.

Na vida sexual, são agitadas, podendo buscar múltiplos parceiros e sentir dificuldade em ser fiel nas relações.

Marte em Sagitário na casa 8 é bem diferente de Marte em Sagitário na casa 10. A pessoa com Marte na casa 8 é altamente sexual, podendo chegar a comportamentos compulsivos. Enquanto Marte em Sagitário na casa 10 é bastante ambicioso profissionalmente, trabalhando de modo incansável para cumprir seu objetivo de dominação planetária.

Marte em Capricórnio

As pessoas com esse posicionamento são mais centradas e movidas por comandos claros. É fácil trabalhar com elas, pois são responsáveis e cumprem o que prometem. Gostam de fazer tudo certinho mas demoram a aceitar mudanças de rota quando necessário.

É um posicionamento bem erótico. Gostam de ter um parceiro fixo e se sentem bem mais tranquilas quando o sexo é parte de uma relação mais comprometida emocionalmente.

Uma pessoa com Marte em Capricórnio na casa 2 difere de quem tem Marte em Capricórnio na casa 5. Marte em Capricórnio na casa 2 age em função do dinheiro, direcionando suas estratégias para prosperar financeiramente. Já alguém com Marte em Capricórnio na casa 5 tem uma personalidade mais artística, faz questão de trabalhar com as coisas que ama, dedicando-se a fazer sua alma dançar.

Marte em Aquário

Pessoas com esse posicionamento estão sempre inventando algo, buscando novas soluções. São agitadas e incansáveis. Gostam de esportes diferentes, um trabalho novo… Atividades inéditas é com elas mesmas. São pessoas bem imprevisíveis, mas isso não as impede de serem comprometidas com o que desejam.

Na vida sexual, adoram uma novidade, é claro. Seja no sexo propriamente dito ou na hora de criar um clima. Seduzem de formas diferentes e sempre se interessam em iniciar algo sexual em momentos que não foram "predeterminados".

Marte em Aquário na casa 10 e Marte em Aquário na casa 12 conferem maneiras de agir bem diferentes. As pessoas com o primeiro posicionamento são focadas em soluções para a vida profissional. Tendem a ser boas líderes e a apresentar ideias inovadoras. São voltadas para o sucesso e para a evolução coletiva. Já as pessoas com Marte em Aquário na casa 12 são mais reservadas e buscam experiências voltadas à espiritualidade. Destacam-se pela proatividade no setor do voluntariado, podendo fazer parte de comunidades religiosas ou ONGs.

Marte em Peixes

Pessoas com esse aspecto adoram agir de acordo com seus sentimentos e ideais. Na verdade, se for de outra forma, não dá para eles. A ação para quem tem esse Marte está totalmente vinculada ao seu emocional. São pessoas mutáveis, bastante sensíveis e empáticas também.

Na vida sexual, precisam se sentir bem emocionalmente, podem ter dificuldades para se entregar sexualmente. Buscam todo um clima ideal, pois precisam se relacionar de forma mais íntima.

Uma pessoa com Marte em Peixes na casa 7 age de maneira diferente de quem tem esse posicionamento planetário na casa 9. As pessoas com Marte na casa 7 são altamente dedicadas às suas relações íntimas, à vida afetiva, e podem doar suas vidas para ajudar seus parceiros. Já quem tem Marte em Peixes na casa 9 vive de partida: viagens, aventuras, novas experiências... com um especial apreço por desvendar mistérios relativos a conhecimentos filosóficos e espirituais.

PLANETAS INTERPESSOAIS

Júpiter, Saturno, Urano, Netuno e Plutão são planetas considerados interpessoais na astrologia. Isso porque, diferente dos planetas pessoais, eles demoram bem mais para dar uma volta completa no Zodíaco, às vezes ficando anos no mesmo signo. Urano, Netuno e Plutão são considerados geracionais por serem planetas vinculados a aspectos de transformação, mas isso não quer dizer que sua importância seja menor no mapa astral. A seguir vamos ver mais sobre as características de cada um.

143 JÚPITER	149 SATURNO	155 URANO	161 NETUNO	167 PLUTÃO
144 Áries	150 Áries	156 Áries	162 Áries	168 Áries
144 Touro	150 Touro	156 Touro	162 Touro	168 Touro
144 Gêmeos	150 Gêmeos	156 Gêmeos	163 Gêmeos	168 Gêmeos
145 Câncer	151 Câncer	157 Câncer	163 Câncer	168 Câncer
145 Leão	151 Leão	157 Leão	163 Leão	169 Leão
146 Virgem	152 Virgem	157 Virgem	164 Virgem	169 Virgem
146 Libra	152 Libra	158 Libra	164 Libra	169 Libra
146 Escorpião	152 Escorpião	158 Escorpião	164 Escorpião	169 Escorpião
147 Sagitário	153 Sagitário	158 Sagitário	165 Sagitário	170 Sagitário
147 Capricórnio	153 Capricórnio	159 Capricórnio	165 Capricórnio	170 Capricórnio
148 Aquário	154 Aquário	159 Aquário	165 Aquário	170 Aquário
148 Peixes	154 Peixes	159 Peixes	166 Peixes	170 Peixes

JÚPITER E A EXPANSÃO

Na astrologia, o planeta Júpiter está vinculado à forma como as pessoas se relacionam socialmente: como se expõem a desconhecidos e como encantam os outros. Também representa o padrão de relacionamento ideal.

A casa em que Júpiter se encontra no mapa astral é essencial para compreendermos melhor a ação desse planeta. Por exemplo, uma pessoa com Júpiter na casa 1 tende a ser bem sociável e carismática com o público geral, e uma pessoa com Júpiter na casa 7 vai agir de forma mais espontânea apenas nas relações mais íntimas (veja mais sobre as casas astrológicas a partir da p. 173).

Júpiter demora aproximadamente doze anos para dar uma volta completa em torno do Sol, ficando cerca de um ano em cada signo.

Júpiter em Áries

As pessoas com esse posicionamento costumam ser abertas, se expressar de maneira exagerada e não se importar muito com o que os outros pensam. Por isso, podem ser conhecidas socialmente por serem espalhafatosas e até mesmo por falarem alto demais, correndo o risco de parecerem mal-educadas.

Um traço positivo é que elas assumem posturas ativas pelo que desejam. Esse posicionamento fica ainda mais interessante quando bem explorado, usado com polidez e bom senso, porque pode torná-las excelentes líderes.

Júpiter em Touro

São pessoas tranquilas e confiáveis. Conseguem facilmente cargos de confiança e cultivam amizades verdadeiras. São pessoas que buscam conquistar uma boa imagem pública. É importante para elas estarem cercadas de pessoas de confiança. Podem ser mais caladas, porém não é difícil perceber que têm muita atitude.

Não costumam se abrir facilmente, mas, entre os íntimos, costumam ser amigos excelentes.

Júpiter em Gêmeos

As pessoas com esse posicionamento se conectam às outras de forma intelectual. Gostam de trocar ideias e conhecimentos. Cultivam grandes ideias, têm mente fértil e muita desenvoltura social, razão pela qual costumam ter vários conhecidos. Gostam de gente e podem ser ótimos vendedores ou comunicadores. Estão sempre exercendo atividades simultâneas.

É importante ressaltar que não é porque a pessoa tem Júpiter em um planeta mais sociável que ela será aberta também na vida íntima. Afinal, pode ter outros aspectos que a deixem tímida na hora de demonstrar sentimentos ou estabelecer uma convivência mais íntima.

Júpiter em Câncer

As pessoas com Júpiter em Câncer são receptivas e deixam os interlocutores muito à vontade. Gostam de transmitir confiança e respeito às pessoas ao seu redor. Dedicam sua energia a círculos sociais mais fechados, sendo calorosas com os que fazem parte desses grupos.

Esse posicionamento acaba por ter alguns pontos desafiadores, por exemplo, o fato de a pessoa ser mais fechada. Isso pode acarretar a perda de algumas oportunidades, especialmente na área profissional. Tendem a esperar o momento certo para se aproximar de uma pessoa importante – o problema é que talvez esse momento "certo" nunca chegue, e a oportunidade pode ser aproveitada por um colega que saiba criá-la.

Júpiter em Leão

Adoram estar em evidência e devem tomar muito cuidado, já que podem chegar a extremos de expor demais sua imagem, perdendo oportunidades de trabalho, de *networking* ou mesmo de um flerte.

Convenhamos, uma pessoa exibicionista pode mostrar seus pontos fortes e pode até ser engraçada. Entretanto, isso dificulta algumas relações, afetivas ou profissionais. É importante para as pessoas com esse aspecto perceberem que já são naturalmente exuberantes, então buscar alguma discrição pode garantir seu sucesso "nos palcos".

Júpiter em Virgem

As pessoas com Júpiter em Virgem se posicionam de modo discreto nas suas interações sociais, deixando claro o limite entre sua vida pessoal e sua vida pública. São fáceis de conviver em rodas sociais, são proativas e gentis. Seja no trabalho, seja no grupo de amigos, elas estarão sempre garantindo que tudo funcione bem. Existe uma certa insegurança sobre o quanto são queridas. Por esse motivo, acabam se dedicando muito, mas podem ter aversão a receber qualquer tipo de atenção, como premiações em eventos públicos e comemorações em que haja destaque para si. É fundamental que essas pessoas procurem trabalhar a autoestima para que saibam lidar com destaque público e reconhecimento, inclusive para que alcancem maior êxito na vida profissional.

Júpiter em Libra

As pessoas com Júpiter em Libra são sociáveis e amigáveis nas suas relações. Buscam fazer um bom *networking* e conhecer todo mundo da sua área de atuação. Podem priorizar bastante as relações sociais e acabar se distanciando do principal objetivo, seja um esporte, seja o próprio trabalho. Buscam transmitir a imagem de equilibradas e tranquilas, procuram estar arrumadas e bem vestidas, têm intenção de ser um modelo de boa conduta social. Elas também apresentam um perfil sedutor, conquistando a todos pela aparência ou por sua conversa agradável. Evitam ao máximo os conflitos sociais.

Júpiter em Escorpião

As pessoas com Júpiter em Escorpião são discretas e procuram se relacionar com pessoas poderosas, tanto economicamente quanto intelectualmente. Sempre vão buscar posições de poder, são ambiciosas e não deixam rastros: agem de forma oculta e precisa para atingirem seus objetivos profissionais e pessoais.

Essas pessoas costumam ter poucos amigos ou preferem estar sozinhas, são altamente desconfiadas e sempre acham que estão suscetíveis a um golpe que as faça perder suas conquistas. Também são sedutoras e usam seu charme para ter vantagens tanto na vida sexual como na situação financeira. Quando há vínculos de amizade são bem intensas, exigem um alto nível de confiabilidade, mas escolhem muito bem suas poucas companhias.

Júpiter em Sagitário

As pessoas com Júpiter em Sagitário são abertas e adoram conversar e fazer amizades. Falam sobre tudo e gostam de viajar e de colher novos aprendizados. Não hesitam em fazer cursos, estão sempre se reciclando profissionalmente. São expansionistas, por isso acabam trabalhando mais com áreas artísticas ou de inovação das empresas.

Podemos ver que uma pessoa com Júpiter em Sagitário é cidadã do mundo, dedica--se ao estudo e à interação com outras culturas e à aprendizagem de outros idiomas. São pessoas voltadas à espiritualidade e aos estudos filosóficos, podendo se dedicar ao turismo religioso. Em algum momento, é provável que tirem um ano sabático.

Júpiter em Capricórnio

As pessoas com Júpiter em Capricórnio são altamente comprometidas com a sua vida profissional, demonstrando proatividade e disposição para servir. São focadas no trabalho, tendo uma vida social mais restrita, mas nada impede que tenham muitos amigos íntimos e um relacionamento afetivo bacana. São pessoas que levam a sério as metas da empresa, mas não dão muita abertura às pessoas, podendo aparentar certa apatia. É importante a quem tem esse aspecto trabalhar o carisma, até mesmo para alcançar melhores resultados profissionais.

Júpiter em Aquário

As pessoas com esse posicionamento adoram gente, cachorro, causas sociais e tudo a que puderem se dedicar. Se houver uma comunidade para se integrarem, estarão no meio. São sensíveis às questões coletivas, focando no aprimoramento da sociedade com sua visão futurista. Há certa tendência a deixarem sua vida pessoal de lado. É recomendável buscar um equilíbrio e não exagerar na sua dedicação ao mundo externo, sob pena de doar toda a sua energia e acabar se exaurido, sem disposição para investir na carreira e nos relacionamentos íntimos.

Júpiter em Peixes

As pessoas com Júpiter em Peixes adoram ajudar, agradar, servir, serem gentis e do bem. Gostam de serem vistas como solidárias e que se importam com os outros. Dedicam o seu tempo à vida espiritual, preferem se relacionar com pessoas com um entendimento mais holístico da vida. Buscam ver as qualidades do ser humano e agir de modo amável. São altamente simpáticas e costumam agir com empatia. Devem tomar cuidado com pessoas aproveitadoras, que podem usar sua energia em benefício próprio.

SATURNO E OS OBSTÁCULOS

Saturno é certamente o planeta interpessoal mais conhecido da astrologia pelo famoso "retorno de Saturno", que acontece de 29 em 29 anos, em média. Na verdade, esse retorno significa que o planeta deu mais uma volta pelo Zodíaco e está novamente na mesma posição em que estava no momento em que você nasceu. Ou seja, na mesma posição do seu mapa natal. Quando esse processo ocorre, é normal que a pessoa revise toda a sua vida. Mas por que isso acontece?

Na astrologia, o planeta Saturno tem ligação com os maiores medos, traumas e dificuldades. É um planeta que bloqueia algumas energias – qual energia será afetada depende da casa e do signo onde ele se encontra. Quando acontece seu retorno à casa inicial onde se encontra no mapa astral, ele já passou por todas as áreas da vida de uma pessoa. Se, por exemplo, uma pessoa tem Saturno na casa 4, certamente terá bloqueios na vida emocional e dificuldade de lidar com suas próprias emoções. Porém, quando Saturno faz seu retorno, significa que a pessoa já teve tempo de lidar com esse aspecto. Caso a pessoa tenha sido "reprovada" na missão, vai passar o próximo ciclo de 28 anos no *loop* da dor, até que consiga internalizar o ensinamento desse planeta professor. Por isso é essencial durante uma leitura astrológica ir ao Saturno de uma vez. É certamente o aspecto mais complexo de "resolver", pois ele requer tempo e dedicação, dificilmente será resolvido do dia para a noite. Saturno requer tempo, experiência e muita paciência.

Planetas interpessoais

Saturno em Áries

Pessoas com esse posicionamento podem ter dificuldade em tomar atitudes na hora certa: ou demoram a agir, ou agem fora de hora. É importante para essas pessoas treinarem suas atitudes em relação à casa de Saturno para ter maior fluidez, já que é um planeta que bloqueia algumas energias. No caso do Saturno em Áries, bloqueia a iniciativa e a atitude.

Devem tomar cuidado com falar e agir sem refletir. Acabam queimando sua imagem facilmente por não pensarem nas suas atitudes ou por perderem o tempo certo de fazer as coisas (quando finalmente agem já é tarde demais).

Saturno em Touro

Pessoas com esse posicionamento de Saturno tendem a ser bem inseguras, e isso pode refletir até na sua vida financeira. Acabam se sabotando e agindo de forma incoerente com o que buscam. Quem tem Saturno em Touro é perfeccionista, não admite errar. Por esse motivo pode levar muito tempo para aprender coisas simples, conhecimento que obteria se tivesse assumido riscos. Precisa perceber que o aprendizado vale a pena mesmo com a ameaça de sofrer pequenas perdas.

Pessoas com esse aspecto podem temer tudo o que esteja fora da sua zona de conforto. Para que possam se sentir mais seguras e conquistar coisas importantes, precisam praticar sua autoconfiança, lançando-se em pequenas aventuras, correndo pequenos riscos para, enfim, adquirir resiliência e experiência.

Saturno em Gêmeos

As pessoas com Saturno em Gêmeos têm dificuldade de se comunicar e de levar a vida com a leveza necessária em certos momentos. Esse posicionamento pode levar a pessoa a ter um imenso bloqueio ao tentar manter diálogos fluidos e tranquilos. É um lugar complicado para se ter Saturno, pois a pessoa pode ser bem "pesada" e difícil de conviver.

As pessoas com esse aspecto precisam se dedicar a aprender comunicar corretamente o que querem. Também é importante buscar ser autêntico e leve. Se essas qualidades não são trabalhadas, logo aparecem os conflitos interpessoais profissionais, amorosos etc.

Saturno em Câncer

Pessoas com esse posicionamento resistem em se entregar e se permitir sentir. Podem não ter o filtro do sentimento, umas vezes se abrindo totalmente e outras se fechando a sete chaves. É importante aprender a ir se entregando aos poucos e a se permitir sentir o que sente. É comum a pessoa querer reprimir as emoções e, infelizmente, acabar somatizando sentimentos que poderiam ter sido superados.

Para desbloquear as suas sensações, é preciso se permitir ser autêntico nos sentimentos e nas relações, buscar autoconhecimento e uma vida plena. É comum também essas pessoas aceitarem situações pesadas e que as deixem magoadas. O problema aí é não aceitarem ser frágeis, e o bloqueio começa nesse ponto: todos temos fragilidades.

Saturno em Leão

As pessoas com esse aspecto têm dificuldade de lidar com sua autoimagem, por medo de aparecer e serem expostas. Podem ficar sempre escondidas por trás dos acontecimentos. Existe uma diferença entre a discrição e o medo de ser visto. Aqui não falamos de uma pessoa tímida, mas de alguém que não se permite, que tem medo de ser quem é.

É importante trabalhar a autoaceitação. A autoconfiança só vai existir caso seja exercitada.

Saturno em Virgem

Pessoas com esse posicionamento tropeçam na hora de se organizar, podem ser aquelas que parecem sempre perdidas e sem rumo.

Por mais que queiram servir, podem parecer arrogantes e indispostas a lidar com as outras pessoas. Podem ter dificuldade em exercitar a autocrítica, acabar agindo de forma exagerada ou sem filtros e depois se culpar por isso.

Para quem tem Saturno em Virgem, a chave é se organizar e tomar atitudes mais racionais. Como têm a tendência a serem mais perdidas e confusas, é de extrema necessidade trabalhar o aspecto da organização, porque é essencial e depende de esforço contínuo e prolongado.

Saturno em Libra

Pessoas com Saturno em Libra podem ter problemas para se relacionar afetivamente ou até para serem agradáveis. Podem ser meio apáticas e sem personalidade. Falta jogo de cintura nas suas relações. Por isso, é importante buscar ter interações pacíficas e tranquilas.

Para liberar a energia é preciso estar em harmonia com o meio e com a sua vida afetiva.

Comumente as pessoas com esse aspecto podem achar tolice se importar com o que o outro pensa, mas isso só atrapalha a fluidez da energia. Tolo é quem se importa demais, empatia é sinal de inteligência. Busque se permitir viver em harmonia com seu meio.

Saturno em Escorpião

Podem ter dificuldade ao lidar com intimidade. A tendência é serem pessoas mais isoladas e com certo pânico de se aproximar muito das pessoas. Podem se torturar por segredos que guardam.

O importante para liberar essa energia, que envolve a energia sexual, é se conhecer intimamente primeiro para depois conseguir se envolver com outras pessoas.

Primeiro você tem sua vida, seus segredos, sua intimidade; só depois pode compartilhar sua vida com os outros. Compartilhar tudo é uma forma de se colocar na mão do outro, de aceitar a vulnerabilidade. Para a energia íntima fluir, esse exercício tem de ser feito pelos dois lados da relação; se apenas um lado se doar, a energia não vai fluir e a relação não vai funcionar. Por isso, busque relações recíprocas.

Saturno em Sagitário

Essas pessoas têm dificuldade em se entregar ao desconhecido, em explorar coisas novas e em ter uma vida "fora do apartamento", ao ar livre. É um grande desafio descobrir o mundo. Todo risco pode ser um grande risco para pessoas com esse aspecto.

Para lidar melhor com esse posicionamento, é importante viver plenamente, permitir--se viver todos os dias. Quem nunca se arrisca dificilmente irá confiar em si mesmo. Por isso, pessoas com Saturno em Sagitário podem, inclusive, se achar fracas e dependentes dos outros. Existe uma tendência a viver na sombra de outras pessoas. Busque abrir seus próprios caminhos: só assim você irá acreditar no seu potencial e desbloquear essa energia.

Saturno em Capricórnio

As pessoas com esse posicionamento podem ter dificuldades em se comprometer e se concentrar em algo. Podem ter dificuldades em lidar com cobranças e, por isso, podem fugir quando algo lhes parecer exigir dedicação e responsabilidade. Por outro lado, quando se dedicam, podem ficar extremamente tensas, chegando até a passar mal fisicamente em situações que seriam simples caso não houvesse uma grande pressão emocional.

É importante para quem tem esse aspecto aprender a viver tendo um objetivo na vida. Aprender a equilibrar as áreas da vida, não usar as 24 horas do dia para uma coisa só, nem ficar pairando, sem foco.

Saturno em Aquário

Pessoas com esse aspecto não confiam em sua criatividade. Podem ser bem inteligentes, mas enquanto não ultrapassarem suas dificuldades, terão apenas migalhas dessa genialidade. Podem, no geral, se sentir vazias de ideias até para coisas simples do dia a dia.

Podem se sentir monótonas e ter sempre impressão de que nada lhes prende a atenção.

Para desbloquear as dificuldades e colher os bons frutos de Saturno em Aquário, é importante que a pessoa exerça o ócio criativo e se permita ser mais ridícula e sair um pouquinho dos padrões. Experimentar um pouco de liberdade é a tarefa.

Saturno em Peixes

Pessoas com esse posicionamento têm dificuldade em se entregar emocionalmente. São pessoas calmas e tranquilas, mas muito carentes. Quando não resolvem essa questão, podem confiar em pessoas que apenas fingem algum tipo de afeto.

É importante se permitir observar e avaliar cada pessoa. Entregar-se sem conhecer é um erro, assim como se bloquear totalmente também é.

Para lidar melhor com as dificuldades, busque aceitar suas emoções, permita-se desabafar e sentir. Pode ser que no início seja difícil por haver muitas emoções reprimidas. Passando a primeira fase, a tendência é que, ao entrar em contato com seus sentimentos, a pessoa vá se equilibrando aos poucos e sabendo reconhecer suas emoções. Buscar lugares calmos, bonitos e desenvolver dons artísticos pode ajudar muito.

URANO
E A DIFERENÇA

A posição de Urano no mapa astral vai indicar em que área a pessoa vai ser "fora da curva", mesmo que o aspecto esteja em algum planeta mais conservador. Facilmente a pessoa vai se fascinar por essa área e se destacar por pensar diferente dos demais.

Por exemplo, uma pessoa com ascendente em Capricórnio com Urano na casa 1 (a mesma casa do ascendente) vai buscar mudar a forma como as pessoas veem o trabalho e a vida financeira. Já quem tem Urano em Aquário na casa 7 vai se interessar por quebrar padrões do protocolo social na área dos relacionamentos.

Outro exemplo pode ser um Urano na casa 10 em Libra. A pessoa vai trabalhar com algo inovador e que trará equilíbrio ou harmonia para os outros. Podemos ver que Urano é quase uma causa social no próprio mapa astral, é uma forma de mudar um pedacinho da sociedade pelo que mais incomoda, a partir da dor e da reflexão individual. Urano demora aproximadamente 84 anos para dar uma volta completa em torno do Sol, ficando cerca de sete anos em casa signo. Por isso, ele é considerado o primeiro planeta geracional na astrologia.

Urano em Áries

Pessoas com esse posicionamento buscam iniciar coisas novas na região da casa astrológica em que Urano se encontra. Sempre estão querendo modificar, nunca param quietas nessa área. Por exemplo, uma pessoa com Urano na casa 1, estará sempre mudando o cabelo, o estilo de roupas, a forma de pensar sobre a vida. Já uma pessoa com Urano em Áries na casa 2 vai buscar novos negócios, vai tentar achar mais uma fonte de renda. Na casa 3, vai procurar sempre um novo conhecimento...

Urano em Touro

As pessoas com esse posicionamento buscam consolidar ações referentes à área da casa em que Urano se encontra. Pode ser a área da vida a que mais se dedicam, principalmente quando Urano tem bons aspectos com Sol e Marte (veja mais a partir da p. 207).

Por exemplo, uma pessoa com Urano na casa 4 está sempre buscando novas formas de lidar com suas emoções e demonstrar sua afetividade. Já uma pessoa com Urano na casa 5 vai priorizar seu lazer, treinar algum esporte e doar grande parte do seu tempo "àquela turma de sempre".

Urano em Gêmeos

As pessoas com esse aspecto estão sempre buscando mais conhecimento na área da casa em que o aspecto se encontra. Se Urano estiver na casa 1, a pessoa vai adorar aprender sobre imagem pessoal, caso seja na casa 8, vai mergulhar na profundidade do ser humano. Interessam-se por conhecimentos diversificados. Podem se comunicar de forma bem diferente e se destacar por aprender muito mais rápido do que os outros.

Urano em Câncer

Pessoas com esse aspecto costumam não aceitar bem as hierarquias, são contestadoras. Podem ser um pouco excêntricas, e essa característica reverbera na maneira de demonstrar seus sentimentos, nas escolhas amorosas, em atitudes cotidianas, o que, ocasionalmente, faz com que sejam vistas como pessoas difíceis.

É comum que se interessem por causas sociais específicas, como crianças de rua e idosos com baixa renda, por exemplo.

Urano em Leão

Pessoas com esse aspecto costumam se dedicar às artes. Têm personalidade exótica e sua forma de pensar e de agir pouco convencionais podem ser chocantes para o restante da sociedade. São bastante sociáveis, mas podem demorar para encontrar sua turma. A sensação que predomina é a de ser "o estranho no ninho". É importante para essas pessoas se conhecerem bem, abraçando toda a sua criatividade para conseguirem se posicionar no mundo com suas diferenças.

Urano em Virgem

Pessoas com esse aspecto querem encontrar novos padrões, novas formas de organizar e melhorar as coisas ao seu redor. Apesar de não parecerem combativas, são pessoas mais sutis, que vão mudando a realidade aos poucos, a partir de onde estão. Podem criar grandes transformações quando estão em posições estratégicas, na política ou em grandes corporações.

Urano em Libra

Pessoas com esse aspecto têm verdadeira repulsa aos padrões estéticos socialmente estabelecidos. Preferem buscar novas formas de beleza e gostam do incomum. Seu senso estético é diferente e estão dispostas a mostrar isso aos outros. Claro que, dependendo da casa, o aspecto vai se expor mais ou menos. Um Urano em Libra na casa 1 ou na 3 faz esse posicionamento ser bem evidente. Já no caso da 8 ou da 4, por exemplo, será algo mais voltado aos relacionamentos íntimos.

Urano em Escorpião

As pessoas com esse aspecto são intensas e transformadoras. São verdadeiras metamorfoses. Estão sempre em um processo intenso de grandes transformações internas, que vão se externalizando e contagiando o entorno, mas devem ter cuidado para não forçar suas mudanças para os outros; nesse caso, podem acabar atrapalhando seus processos. É importante sempre respeitar o tempo das outras pessoas e se você puder incentivar a mudança e dar seu exemplo, já será de grande ajuda para os demais.

Urano em Sagitário

Pessoas com esse posicionamento tendem a refutar todos os sistemas de crenças (e descrenças) do ser humano. São profundamente interessadas em espiritualidade e filosofias de vida, mesmo tendo certa dificuldade em seguir alguma. Prezam muito sua liberdade e vivem ao seu modo, independentemente da opinião dos outros. Esse aspecto vai ter um forte impacto na casa em que se encontra, já que a pessoa vai ser totalmente disruptiva ali. O desafio é tomar cuidado para não se arriscar demais.

Urano em Capricórnio

Pessoas com esse aspecto querem mudar os padrões existentes sobre o trabalho. Interessam-se por áreas diferentes e formas de atuação que fogem do padrão tradicional. *Home office*, trabalhos com internet, reformulação das profissões de forma on-line... hoje existem muitas possibilidades para quem tem esse aspecto. Podem se interessar por profissões antigas e ter desejo de modernizar ou reformular alguma área.

Esse aspecto pode ser pesado e aceitar a realidade pode ser bem frustrante, porém, quando conseguem causar essa mudança, vivem a recompensa.

Urano em Aquário

Pessoas com esse aspecto querem mudar tudo. Podem ser "do contra" e também engajadas em todas as causas sociais do planeta. Tendem a ser pessoas estudiosas e bem interessadas pela humanidade. Quem tem Urano em Aquário precisa encontrar um foco para promover sua revolução, alguma ideologia ou filosofia para seguir, ou mesmo criar uma nova que lhe sirva. Para ela é importante, sobretudo, executar essas ideias e causar a mudança.

Urano em Peixes

Pessoas com esse aspecto buscam formas diferentes de ver a vida. Precisam viver em lugares harmônicos e tranquilos. Podem se interessar muito pelos problemas alheios, até mesmo se envolver bastante, e é claro que esse hábito pode gerar sérios problemas para sua vida pessoal. O ideal aqui é viver e ensinar as pessoas a viverem em harmonia com a natureza, com pensamentos alinhados e prósperos.

NETUNO E A INTUIÇÃO

Na astrologia, Netuno é bastante conhecido como algo nebuloso, complexo, de difícil entendimento. Tenho uma visão bem diferente. A meu modo de ver, Netuno é justamente o oposto disso, é o que traz clareza. O problema em relação a esse aspecto é uma sociedade cega, de pessoas que são máquinas de trabalho tentando manter sua sobrevivência e que já esqueceram que têm alma. Quem não assumir sua existência no universo transcendental, como um ser completo e conectado, dificilmente conseguirá lidar com Netuno.

Para isso, é necessário desenvolver a própria intuição. Cada pessoa vai para um lado, por exemplo, quem tem Netuno na casa 7 vai ter mais *insights* sobre seu relacionamento, sobre as pessoas íntimas. Já quem o tem na casa 1, vai sentir como lidar com as pessoas menos íntimas. Quem tem Netuno na casa 11 sente como se posicionar socialmente, e, na casa 10, tem o *feeling* do sucesso.

Mas só sente quem se permite sentir. E outra, se você está em uma vibração negativa, vai ter a sensação do negativo chegando, o medo do que vai acontecer.

Netuno é delicado, pois sua ação, mais que de qualquer outro planeta, tem total ligação com a energia que está com a pessoa. Quem está positivo vai ter sensações e percepções positivas e, para o negativo, não será diferente. É sua conexão espiritual, sua própria sensibilidade.

Netuno demora aproximadamente 164 anos para dar uma volta completa em torno do Sol, ficando cerca de treze anos em cada signo. Por isso ele é considerado um planeta geracional.

Netuno em Áries

Pessoas com esse aspecto são intuitivas, naturalmente acabam pensando em uma forma de agir. Quando não conectadas espiritualmente, podem ter vários problemas e acabar sendo movidas por energias negativas, agindo sem medir as consequências e chegando a limites complicados. Porém, quando estão bem alinhadas, sentem como devem agir, têm intuições e conseguem saber o que pode ser melhor em todas as situações. Esse aspecto pode ser uma bênção ou uma maldição, depende muito de "com quem" a pessoa se conecta espiritualmente.

Netuno em Touro

Esse aspecto traz pessoas que naturalmente dão sensação de segurança para as outras. É importante compreender bem que Netuno está vinculado à conexão com o espiritual, com a vida. Quando essas pessoas estão assim conectadas, têm grande facilidade de lidar com dinheiro e podem inclusive ter ótimas ideias de negócios, mesmo sem ter tanto conhecimento teórico, apenas sentem. É um posicionamento bem comum em pessoas com perfil mais empreendedor.

Netuno em Gêmeos

São ótimas em compreender as pessoas, são capazes inclusive de ler a mente dos outros seres humanos. É um dom muito forte – caso conectadas. Quando estão adormecidas, podem se conectar com os pensamentos negativos dos outros e acabar não percebendo, achando que são seus próprios pensamentos, e ter uma mente bem confusa por acreditarem que todas as informações que veem à sua cabeça são mesmo suas.

Netuno em Câncer

Pessoas com esse aspecto têm grande capacidade de acolher os outros, de perceber e sentir as necessidades emocionais de outros seres humanos. Caso estejam desconectadas, podem se sentir altamente carentes e não perceber que, certas vezes, estão tendo as sensações negativas dos outros (que não têm a ver com seus próprios sentimentos). É importantíssimo buscarem a vida espiritual, caso contrário, podem ter constantemente sentimentos negativos repentinos.

Netuno em Leão

São pessoas que conseguem perceber a beleza dos outros, a individualidade de cada um sem que a pessoa diga uma palavra. Quando estão conectadas, vão perceber a forma de tirar o melhor de cada pessoa. São seres bem intuitivos e com dom de ver o sucesso e o poder secreto por trás de cada atitude. Ou mesmo identificar o que vai ter ou não futuro e brilho.

Netuno em Virgem

Pessoas com esse aspecto são intuitivas em perceber a arquitetura divina, conseguem captar a melhor forma de organizar e deixar as coisas agradáveis para todos. Já quando estão desconectadas, podem ser obcecadas por organização e se tornarem verdadeiras perturbadoras dos outros, cheias de manias que buscam tudo do seu modo sem pensar na real funcionalidade de suas exigências ou na harmonia com seu meio.

Netuno em Libra

Quando estão conectadas, as pessoas com esse aspecto conseguem compreender formas de criar harmonia com a vida facilmente, são ótimas conciliadoras. Podem ver beleza em tudo e ajudar os outros a enxergarem também com aquele tom mágico. Já no caso de desequilíbrio, podem fazer tudo para agradar os outros, até passar por cima da sua personalidade ou mesmo usar as pessoas, com o auxílio de seus conhecimentos ocultos.

Netuno em Escorpião

Pessoas com esse aspecto conseguem perceber tudo de primeira, conseguem ver o balanço do positivo e do negativo na energia dos outros. No caso de a pessoa estar desconectada, pode ver apenas o lado negativo da vida e viver em estado de alerta, sendo altamente desconfiada. É um aspecto muito poderoso, por isso, é de extrema importância conseguir se equilibrar, para sua própria saúde mental.

Netuno em Sagitário

As pessoas com esse aspecto conseguem se conectar com outras formas de pensamento e cultura com maior facilidade. Analisando sob o ponto de vista espiritual, essas pessoas serão guiadas por espíritos que viveram em lugares diferentes e vão acabar as aproximando dessas novas culturas tão distantes da sua origem. É importante apenas ir e sentir, dado que já têm esse campo mais aberto.

Netuno em Capricórnio

As pessoas com esse Netuno são bem intuitivas sobre suas atribuições e sobre o que vai ou não dar certo. Podem doar suas vidas à sua profissão, mesmo que o trabalho não seja tão comum ou estável do ponto de vista social, e rapidamente fazem dessa área algo seguro para si. É necessário confiar na sua intuição e simplesmente seguir as indicações desses *insights*. Certamente existe uma missão espiritual por trás do seu trabalho.

Netuno em Aquário

As pessoas com esse aspecto certamente vieram para transformar algo na sociedade. Sensibilizam-se por causas importantes e sentem que devem se empenhar para ajudar. É certo que se mobilizem para o que acreditam, pois essa intuição está muito ligada à sua missão de vida. Essas pessoas vêm para mudar situações coletivas e sentem profundo prazer quando colaboram com as outras.

Netuno em Peixes

As pessoas com esse aspecto são altamente intuitivas e seu campo é aberto.
É importante que aprendam sobre as bases da espiritualidade e se afastem de tudo o que traga energias negativas. São pessoas bastante sensíveis, que podem ter dificuldade em lidar com a maldade humana. É essencial que se conheçam bem e aprendam a bloquear seu fluxo de energia para vampiros espirituais. Devem compreender quem realmente precisa e quem quer apenas usá-las.

PLUTÃO E A TRANSFORMAÇÃO

A presença de Plutão no mapa astral já fez muita gente chorar. Costuma ser a área da vida mais difícil, mais ainda que Saturno. No aspecto de Plutão, há sofrimento, vontade intensa de transformar e de mudar. É comum inclusive as pessoas desenvolverem reações físicas relacionadas a áreas englobadas por Plutão. Por exemplo, pessoas com Plutão na casa 3, da comunicação e do aprendizado, podem ter dislexia; na casa 1, voltada à imagem, podem sofrer com acne, e por aí vai... Pessoas com Plutão nas casas de água tendem a somatizar todas as emoções. Ou seja: é intenso, profundo e transformador (veja mais sobre as casas astrológicas a partir da p. 173).

No início da vida esse vai ser o aspecto mais doloroso, mas com o tempo se transforma em uma área de poder, e aí é que está a magia de Plutão. Seu ponto fraco vira o seu ponto mais forte, seu auge.

Uma característica de Plutão na casa 1 é que a pessoa quer muito ter uma imagem poderosa, mas por ser tão intensa, pode colocar essa intensidade nas roupas e acabar se vestindo de forma ridícula. Porém, com o tempo, ela vai aprendendo "as regras do *marketing* pessoal" e virando uma mestra (não conta para ninguém, mas a pessoa acaba ficando meio obcecada pela área de Plutão!). Já com Plutão na casa 2, a pessoa pode ter sua vida financeira "intensa", apostar todo seu dinheiro em algum negócio de risco e perder tudo. No entanto, o que acontece quando ela ganha experiência? Vira um monstro nos negócios!

Planetas interpessoais **167**

Plutão demora aproximadamente 248 anos para dar uma volta completa em torno do Sol, ficando cerca de vinte anos em cada signo. Por isso, ele também é considerado um planeta geracional na astrologia.

Plutão em Áries

A geração de Plutão em Áries inicia um novo ciclo social. Cria-se uma nova forma de pensamento coletivo.

Plutão em Touro

A geração de Plutão em Touro sempre consolida alguma mudança causada pela geração anterior, de Plutão em Áries.

Plutão em Gêmeos

A geração de Plutão em Gêmeos difunde novos conhecimentos, cria novas mídias e formas de comunicação.

Plutão em Câncer

A geração de Plutão em Câncer se conecta a causas sociais intervindo de maneira mais afetiva, e projeta mudanças importantes por meio de esforços coletivos.

Plutão em Leão

A geração de Plutão em Leão cria a identidade de uma nova fase da humanidade, refinando gostos e trazendo mais força a valores sociais.

Plutão em Virgem

A geração de Plutão em Virgem organiza todas as mudanças que já ocorreram nessa fase da humanidade. É comum que a geração anterior tenha deixado alguns problemas, como crises econômicas por excessos no comportamento social, e essa geração acaba "organizando a casa".

Plutão em Libra

A geração de Plutão em Libra busca harmonizar o planeta e conectar grupos de diferentes culturas. São pessoas que procuram ter uma vida mais holística e equilibrada.

Plutão em Escorpião

A geração de Plutão em Escorpião lida com situações profundas da personalidade humana. Podem ser bem melancólicos e sedentos por realizar grandes feitos.

Plutão em Sagitário

A geração de Plutão em Sagitário é mais leve e bem-humorada. Procura enxergar a vida de modo coletivo, quebrando o padrão individualista típico de Plutão em Escorpião.

Plutão em Capricórnio

A geração de Plutão em Capricórnio é uma geração construtora. São pessoas práticas, inteligentes e centradas. Sabem trabalhar bem em grupo e aprendem tudo muito rápido.

Plutão em Aquário

A geração de Plutão em Aquário "já nasce sabendo", é acostumada com pessoas que sabem fazer acontecer e pensam em como usar esses conhecimentos e recursos para trazer melhorias à sociedade como um todo.

Plutão em Peixes

A geração de Plutão em Peixes é conectada com o todo, está no ápice do ciclo que Áries iniciou. Encontra-se no final de uma fase da humanidade e tem como objetivo coletivo "entregar" o planeta para as próximas gerações.

CASAS ASTROLÓGICAS

Se você prestou atenção às informações e às ilustrações que apareceram antes neste livro, já deve saber que um mapa astral é formado por doze casas astrológicas. É a combinação dos signos em que elas estão e os planetas nelas contidos que adiciona ainda mais informações às características planetárias das quais falamos antes e confere a personalidade única do portador de cada mapa de identidade astral.

175 As doze casas astrológicas
178 Casa 1 e casa 7 (eixo da justiça)
182 Casa 2 e casa 8 (eixo da vida)
186 Casa 3 e casa 9 (eixo do conhecimento)
190 Casa 4 e casa 10 (eixo da família)
194 Casa 5 e casa 11 (eixo do poder)
198 Casa 6 e casa 12 (eixo da doação)

AS DOZE CASAS ASTROLÓGICAS

Para entender o conceito de casas astrológicas, vamos sair um pouco do universo dos signos. Pense numa casa de verdade, com paredes, piso e teto. Embora haja milhares de casas espalhadas pelas cidades do mundo todo, cada uma é diferente à sua maneira: tem suas regras, sua rotina, sua decoração e tradições. Esses fatores são mutáveis, conferem personalidade à casa e dependem muito do temperamento de quem a habita. Na realidade, quem faz a casa é o seu morador.

Na astrologia é a mesma coisa – cada casa astrológica é a casa de um signo. E a ordem dos vizinhos segue a ordem do Zodíaco: Áries ocupa a casa 1, Touro ocupa a casa 2 e assim sucessivamente até chegarmos à casa 12, de Peixes. E esses signos determinam o espírito e o setor da vida regido por cada casa astrológica (vamos falar especificamente de cada casa a partir da p. 178).

Essa vizinhança parece bem organizada, mas há um fator que adiciona mais um elemento à análise do mapa pessoal de cada um: embora a casa 1 seja de Áries, isso não significa que a casa 1 do seu mapa esteja nesse planeta. E quem vai determinar o signo da sua casa 1 (e consequentemente influenciar as outras onze casas)? Simples, o ascendente. Isso quer dizer que, a partir do ascendente, podemos ter uma ideia de que energia influencia todas as áreas da vida de uma pessoa.

Vamos aos exemplos para ficar mais claro: uma pessoa com ascendente em Virgem terá esse planeta na casa 1, que fala de como o mundo nos enxerga, de como nos mostramos para o mundo – uma energia bem ariana, que dá as caras sem rodeios e mistérios. Com essa casa ocupada pelo planeta Virgem, essa pessoa vai ter um temperamento mais observador e meticuloso. Nesse mesmo exemplo, a casa 3, regida por Gêmeos, e portanto ligada à comunicação e ao conhecimento, será ocupada por Escorpião. Isso significa que uma pessoa com ascendente em Virgem gosta de se aprofundar nos assuntos, vai a fundo na descoberta das informações.

Mas, Carol, por que o mapa é tão importante, se saber o ascendente já nos dá tanta informação? A resposta é que, além de o mapa nos dizer quais planetas habitam cada casa (pegando a energia do signo que está nela), muitas vezes, a pessoa pode ter o ascendente nos últimos graus dos signos, e isso vai trazer certa desordem. É isso que acontece no exemplo ao lado: o ascendente é Virgem, mas a casa 2 já é ocupada por Escorpião.

Perceba, então, que as casas podem conter dois signos. Isso faz com que tenham uma energia mista, trazendo ainda mais informações a serem levadas em conta na hora de realizar a análise. Por isso é sempre importante olhar o mapa astral para colocar cada detalhe na conta astrológica.

Casas astrológicas 177

CASA 1 E CASA 7 (EIXO DA JUSTIÇA)

Casa 1 / Ascendente
Primeira impressão, aparência e forma de ver a vida
Signo: Áries / Elemento: fogo

Como já foi dito, a casa 1 é regida pelo ascendente. Isso significa que, se o seu ascendente for Sagitário, sua casa 1 também será nesse signo.

A primeira casa é a casa da autoimagem, da forma como uma pessoa se vê e o jeito como as pessoas a enxergam. Ela aponta a maneira como a pessoa se apresenta ao mundo, como cada um se projeta: essa é a imagem que os outros "compram", pelo menos nas primeiras interações, antes de se conhecerem de verdade. Se a pessoa tem sua casa 1 em Câncer, a tendência é que ela se projete de uma forma mais afetiva e cuidadosa, por exemplo, diferente de quem tem Áries nessa casa, que se mostrará forte e dinâmico. A meu ver, a casa 1 também indica a maneira como uma pessoa busca ser vista. De forma simples, seria o que ela quer da vida. Como ela enxerga as coisas e reage aos estímulos exteriores.

Essa casa vai definir as tendências e revela muito a predisposição a uma autoestima baixa ou elevada e a conflitos de identidade. Enfim, tudo o que esteja relacionado com a imagem pessoal, até mesmo o *marketing* pessoal, vai estar totalmente conectado à casa 1.

Para fazer uma boa análise dessa casa, é preciso verificar a energia do signo que se encontra nela. A presença de planetas também traz mais significado, como mostra o quadro ao lado.

Planetas na casa 1

Sol na casa 1: Pessoas que rapidamente mostram quem são. Têm grande necessidade de expressar sua personalidade. Não aguentam rodeios, e vão direto ao ponto.

Lua na casa 1: A Lua na primeira casa confere uma visão de mundo muito emotiva. São pessoas que se envolvem muito com o meio social. Costumam se relacionar bem, importando-se com o que os outros sentem, e se conectam facilmente a projetos.

Mercúrio na casa 1: Pessoas com esse posicionamento podem ter dificuldade de guardar segredos. São bem desinibidas e falam bastante – na maior parte das vezes sobre si mesmas.

Marte na casa 1: Pessoas que agem sempre, não têm o menor pudor ou medo de fazer o que desejam. Também são muito sensuais e atraem facilmente os outros no primeiro contato.

Vênus na casa 1: Costumam ser bonitas, vaidosas e charmosas. Carismáticas, conquistam todos de cara.

Júpiter na casa 1: Essas pessoas são bem comunicativas e fazem amizade com muita facilidade, pois são abertas e expansivas. Adoram conhecer outros lugares e são curiosas sobre tudo.

Saturno na casa 1: Pessoas com esse posicionamento têm problema em lidar com sua imagem. Sentem grande responsabilidade pelo que falam e fazem. Podem ser muito tímidas e inibidas.

Urano na casa 1: Podem ser bem exóticas, aquelas pessoas que parecem estar em outra frequência e são muito fora da curva.

Netuno na casa 1: Pessoas que têm sua própria forma de enxergar a vida. São bem intuitivas e abertas para outro plano espiritual.

Plutão na casa 1: Pessoas com esse aspecto são bastante impactantes, daquelas que você olha e ama ou odeia na primeira impressão. São pessoas intensas e que mostram a que vieram.

Casas astrológicas **179**

Casa 7 / Descendente
Relações, empatia e abertura íntima
Signo: Libra / Elemento: ar

A casa 7 está vinculada a como nos relacionamos com as outras pessoas, se somos mais abertos ou fechados. Se a casa 1 rege como nos enxergamos pessoalmente, aqui estão as características do que vemos nos outros, de quem escolhemos para estar em nosso convívio. Essa casa também tem ligação com o que esperamos das outras pessoas. Já percebeu que todo mundo busca algo específico nas relações, cria expectativas – e muitas vezes se decepciona sem nem se dar conta do que aconteceu?

Essa casa indica a forma como as pessoas se sentem quando estão acompanhadas, seja em um relacionamento ou com amigos íntimos: basta pensar em quem você mais convive e como você lida com eles.

Por isso essa casa também fala sobre a nossa empatia, a nossa capacidade de nos colocarmos no lugar do outro, se tendemos mais a ser bons ouvintes ou se precisamos trabalhar essa energia. Certamente prestar atenção nessa casa é essencial para uma vida feliz e cheia de satisfação.

Os signos nessa casa também vão causar um grande efeito, cada signo vai trazer informações sobre como a pessoa se relaciona com os outros e, naturalmente, como os outros são com ela nos relacionamentos.

Os planetas também influenciam essa casa de formas bem diferentes. Planetas geradores de desafios, como Saturno, Urano e Plutão, indicam relações conturbadas no início da vida. Geralmente essas dificuldades costumam ser superadas e as pessoas com esse aspecto planetário viram verdadeiros *experts*, tendo total controle sobre essa área. Um aspecto próprio de Saturno nessa casa é fazer com que a pessoa leve seus relacionamentos com os outros com grande responsabilidade, podendo até não conseguir se entregar totalmente ou não se colocar em primeiro lugar.

Já no caso de pessoas com planetas como Marte e Mercúrio, será tudo muito "em dupla", é aquela pessoa cheia de amigos e romances. Veja mais no quadro na página ao lado.

PLANETAS NA CASA 7

SOL NA CASA 7: Pessoas com esse aspecto se espelham muito nas pessoas íntimas e devem tomar cuidado com a necessidade de aprovação dos outros.

LUA NA CASA 7: Pessoas que adoram estar em harmonia com todos e por isso podem ter dificuldade em se posicionar e dizer não. A Lua acaba sendo mais focada nos relacionamentos afetivos.

MERCÚRIO NA CASA 7: Pessoas que gostam de ouvir os outros. Pensam bastante sobre o que ouvem e se importam muito em agradar as pessoas.

MARTE NA CASA 7: Quem tem esse aspecto gosta de agir em conjunto com outras pessoas. Prefere ter objetivos comuns e estar com outras pessoas.

VÊNUS NA CASA 7: Pessoas com esse posicionamento são muito voltadas para as relações. São pessoas muito agradáveis, mas têm dificuldade de viver sozinhas.

JÚPITER NA CASA 7: Pessoas com esse planeta na casa 7 são mais abertas a novos relacionamentos, até porque gostam de estar sempre acompanhadas. Apreciam um bom flerte e podem ter vários pretendentes simultâneos.

SATURNO NA CASA 7: São pessoas que podem ter grandes dificuldades em se entregar nos relacionamentos íntimos, embora ajam com grande responsabilidade quando se envolvem.

URANO NA CASA 7: Costumam se atrair por pessoas fora do padrão, não convencionais. Também preferem relacionamentos diferentes do que está estabelecido socialmente.

NETUNO NA CASA 7: Essas pessoas têm um *feeling* incrível na interação social. Podem ter intuições valiosas sobre os outros.

PLUTÃO NA CASA 7: Pessoas que podem se atrair por companheiros complicados. São intensas nas relações e estão sempre mudando a forma de lidar com os outros.

CASA 2 E CASA 8 (EIXO DA VIDA)

Casa 2
Ganhos financeiros, gastos e administração dos bens
Signo: Touro / Elemento: terra

A segunda casa do Zodíaco é a primeira de terra no mapa astral. Ela indica as tendências energéticas de como uma pessoa lida com seu próprio dinheiro, desde como ganhá-lo a como usá-lo. Também fala diretamente sobre as ambições e o que confere segurança a uma pessoa, e não só no aspecto financeiro.

Os planetas nessa e nas demais casas de terra acabam influenciando muito a forma de lidar com o trabalho e de manejar o dinheiro. Por exemplo, quem tem Vênus na casa 2 pode usar seu dinheiro comprando coisas de que gosta muito ou gastando com pessoas por quem tem afeto. Outro exemplo é quem tem Júpiter nessa casa, que usa seu dinheiro para sair, fazer contatos, *networking* e amizades, investindo em modos de conhecer mais pessoas. No caso de Mercúrio na casa 2, a pessoa vai buscar se dedicar aos estudos e isso vai refletir em mais dinheiro. Por outro lado, também não podemos esquecer que a energia do signo dessa casa também é importante para uma análise completa.

Planetas na casa 2

Sol na casa 2: Pessoas com esse aspecto buscam estabilidade e vinculam sua própria personalidade ao que lhes traz segurança.

Lua na casa 2: Pessoas que buscam estar em relacionamentos sólidos. São focadas no trabalho e em aspectos materiais. Tendem a ser caseiras e a gostar de estar em família.

Mercúrio na casa 2: Quem tem esse posicionamento pensa bastante sobre dinheiro, profissão e carreira. São pessoas bem focadas e estão sempre ligadas no que possa apresentar algum retorno financeiro.

Marte na casa 2: Pessoas com tal posicionamento estão sempre dispostas a melhorar sua vida financeira. São pessoas proativas e com atitude próspera.

Vênus na casa 2: Pessoas que passam bastante segurança nos relacionamentos. Priorizam as atividades que amam e por isso podem ganhar muito dinheiro.

Júpiter na casa 2: Costumam trabalhar bem coletivamente e podem ser bons gestores pois, ao exercer esse tipo de função e trabalhar com outras pessoas, conseguem que cada uma também explore melhor seu potencial.

Saturno na casa 2: Pessoas com esse posicionamento podem ser muito inseguras e precisam trabalhar esse aspecto, pois ele costuma bloquear a vida financeira.

Urano na casa 2: Essas pessoas costumam ter ideias inovadoras para alavancar novos projetos financeiros. Pensam diferente e devem ter coragem para concretizar suas ideias.

Netuno na casa 2: São pessoas intuitivas para lidar com sua vida financeira. Devem ter cuidado, porém, com energias negativas, pois caso se deixem dominar por elas, podem ter sérias dificuldades em relação a dinheiro.

Plutão na casa 2: Pessoas com esse aspecto são bem intensas com sua vida financeira, podem ter ideias arriscadas e tendem a investir nelas. Com resiliência, podem ter grande êxito. Já em desequilíbrio, a vida financeira pode se tornar uma verdadeira roleta-russa.

Casas astrológicas **183**

Casa 8

Subconsciente, intimidade e segredos
Signo: Escorpião / Elemento: água

A oitava casa fala sobre o mais profundo do ser, a área da vida que só você e seu analista sabem – em alguns casos nem a própria pessoa sabe. Ela representa o mais profundo tanto da mente como do corpo. Por esse motivo, também é a forma como a pessoa lida com a sexualidade. Traumas e segredos são representados pela oitava casa. Fala de segurança, como a casa 2, mas de outra forma.

Essa casa é importantíssima no mapa astral. Dominando-a, podemos nos conectar com a nossa própria intimidade, com o nosso inconsciente. O modo como a pessoa lida com esses aspectos da vida vai depender da energia da casa, que depende do signo que a ocupa e dos possíveis planetas que a habitam. Quem tem essa casa regida por Áries vai buscar esconder seus conflitos e, no íntimo, será alguém mais belicoso, ainda mais se a energia estiver em desequilíbrio.

Já conheceu alguém que fala tudo sobre si, abre sua vida íntima, que é um livro aberto? Provavelmente ela tem Júpiter na casa 8. Já quem tem Mercúrio nessa casa costuma ter uma mente intuitiva e pensamentos profundos. Se o planeta posicionado for Saturno, pode haver questões para desenvolver sua vida sexual e íntima. Já uma pessoa com Marte na casa 8 pode ser extremamente sexual.

Essa certamente é a casa mais poderosa do mapa astral porque ela move tudo! Ela é a base submersa do *iceberg*, uma casa profunda, que traz informações importantes sobre o mais íntimo de uma pessoa. Podemos compreender a base do pensamento e das atitudes de alguém apenas sabendo sobre sua oitava casa.

Então, trabalhe bem sua intimidade, reconheça sua energia e perceba se está ou não em equilíbrio. Caso não esteja, procure trabalhar para aprimorá-la – e se estiver bem, também. Felicidade é melhorar sempre.

PLANETAS NA CASA 8

SOL NA CASA 8: Pessoas com esse aspecto são quietas, observadoras e também poderosas: conseguem tudo o que querem porque se conectam totalmente com seus desejos.

LUA NA CASA 8: Pessoas com esse posicionamento são introspectivas e intensas. Parecem tímidas, mas na verdade são um *tsunami* de emoções. É importante buscar equilibrar os sentimentos.

MERCÚRIO NA CASA 8: Pessoas que têm uma mente profunda, são analíticas e têm ótimos *insights* sobre as outras pessoas, em especial as íntimas.

MARTE NA CASA 8: Agem sem serem vistas, são poderosas e focadas em conseguir o que querem. Devem somente ter cuidado para não serem autodestrutivas.

VÊNUS NA CASA 8: Pessoas com tal posicionamento são bem intensas nos seus relacionamentos afetivos, entregam-se de corpo e alma mesmo no amor.

JÚPITER NA CASA 8: São expansivas na intimidade. Em desequilíbrio, podem se envolver com várias pessoas sem, no entanto, sentirem-se realizadas.

SATURNO NA CASA 8: Pessoas com esse posicionamento costumam ser fechadas e, comumente, inseguras com sua aparência. Também podem ter uma vida sexual igualmente reprimida.

URANO NA CASA 8: São bastante criativas na sua intimidade, gostam de lidar de forma incomum com os seus e podem ter acesso direto ao seu inconsciente.

NETUNO NA CASA 8: Pessoas com esse posicionamento são bem intuitivas e costumam agir de forma conectada com sua espiritualidade. Se for uma pessoa cética, pode ser bem confusa.

PLUTÃO NA CASA 8: Pessoas com esse aspecto vivem em constante destruição e reconstrução interna, passando por grandes processos de transformação. São bem intensas e podem querer mudar aqueles com quem compartilha a intimidade.

Casas astrológicas **185**

CASA 3 E CASA 9
(EIXO DO CONHECIMENTO)

Casa 3
Aprendizagem, educação e comunicação
Signo: Gêmeos / Elemento: ar

A terceira casa do Zodíaco é a casa voltada à forma de aprender e se comunicar. Ela determina nossa maneira de interagir com o mundo. Compreendê-la nos ajuda a entender como uma pessoa pensa e quais são os seus principais interesses – e se você souber também o posicionamento de Mercúrio, terá um total entendimento sobre como uma determinada pessoa compreende as coisas. As pessoas podem entender de maneiras completamente diferentes a mesma situação, ter pontos de vista até mesmo opostos. A casa 3 nos ajuda a decifrar que pontos de vista são esses.

Ela tem um papel fundamental na manifestação da personalidade, e até mesmo em como os outros planetas do mapa astral irão se revelar. Alguém com a casa 3 mais equilibrada dificilmente será uma pessoa desrespeitosa, mesmo tendo um mapa mais agressivo. Pelo contrário, um mapa forte com uma comunicação boa resulta em pessoas altamente equilibradas.

Planetas nessa casa fazem a diferença: uma pessoa com Marte na casa 3 se comunica de forma rápida, e pode acabar sendo bem impaciente. Alguém com Urano nela tende a conhecer coisas mais incomuns, ter gostos mais exóticos quando comparados com outras pessoas do seu círculo social.

PLANETAS NA CASA 3

SOL NA CASA 3: São pessoas comunicativas e simpáticas. Adoram estar com amigos e costumam investir bastante na educação.

LUA NA CASA 3: Pessoas com esse aspecto são eloquentes e se comunicam de forma emocional. Gostam de pertencer a grupos e de debater ideias com muitas pessoas. Pode ser uma lua mais fria, mais intelectual.

MERCÚRIO NA CASA 3: Pessoas que costumam se comunicar de forma agradável e que têm jogo de cintura para lidar com todo tipo de situação social.

MARTE NA CASA 3: Quem tem esse posicionamento faz o que fala. Suas atitudes são muito vinculadas a seus pensamentos. Essas pessoas também tendem a ser estudiosas.

VÊNUS NA CASA 3: Pessoas com esse posicionamento se atraem muito afetivamente por pessoas inteligentes, que têm mais conhecimento. Amam trocas intelectuais.

JÚPITER NA CASA 3: São bem inteligentes, com facilidade de aprendizado. Gostam muito de conhecer gente e de se relacionar com grupos voltados ao conhecimento.

SATURNO NA CASA 3: Pessoas com esse posicionamento costumam ter dificuldade de aprendizado e medo de serem reprovadas pelo que dizem. Consideram-se muito responsáveis pelo que falam e podem acabar sendo muito caladas e fechadas.

URANO NA CASA 3: São bem curiosas e, quando crianças, podem ter grande evolução no aprendizado em uma área específica, como aprender sozinho um idioma ou uma habilidade incomum no seu meio.

NETUNO NA CASA 3: São bem intuitivas e empáticas. Conseguem perceber facilmente o estado emocional dos que estão a sua volta.

PLUTÃO NA CASA 3: Pessoas que se comunicam de forma intensa. São profundas e, quando se interessam por um assunto, vão até o fim para descobrir tudo sobre ele.

Casas astrológicas

Casa 9

Espiritualidade, viagens e liberdade
Signo: Sagitário / Elemento: fogo

A leitura da influência dessa casa pode variar muito, dependendo do astrólogo e da linha da astrologia. A forma mais comum de análise é interpretar como a pessoa busca ver o mundo, sendo a casa relacionada a viagens e espiritualidade. Essa casa também está ligada a novas experiências. Ela rege o que decidimos expandir, o que aprender de novo e de que formas queremos crescer. Pode também simbolizar como se realizam as fugas da realidade.

Para mim, a nona casa do mapa astral, sendo naturalmente de Sagitário, representa a filosofia de vida da pessoa. Essa casa tem energia mutável, sempre irá se transformar cada vez que se tenha novas atitudes e novas reflexões sobre a vida. A energia dessa casa está entre a ação e o pensamento, vai ser a motivação e o filtro de valores de uma pessoa.

Essa também é a última casa do fogo, é a ação mais sofisticada, ao contrário da casa 1, que representa uma ação mais intuitiva, ou da casa 5, que se liga a instintos mais básicos. Se a casa 1 é o início, a casa 9 encerra o ciclo e prepara para um novo.

PLANETAS NA CASA 9

SOL NA CASA 9: Pessoas com esse posicionamento adoram viajar e viver novas experiências. São leves e estão sempre em busca de expansão e de novidades.

LUA NA CASA 9: Pessoas aventureiras e que adoram aprender novas línguas e conhecer outras culturas. São bem simpáticas com quem não faz parte do seu convívio social, sendo abertas e divertidas.

MERCÚRIO NA CASA 9: São pessoas que se interessam muito por filosofia e espiritualidade. Buscam um ideal de vida e seu discurso é disruptivo. Sempre se interessam por novos conhecimentos.

MARTE NA CASA 9: Estão sempre em busca de uma aventura, uma novidade. Adoram transformar e provocar mudanças na vida.

VÊNUS NA CASA 9: Pessoas apaixonadas pela liberdade e que se interessam por quem aparenta ser desprendido.

JÚPITER NA CASA 9: Pessoas com esse posicionamento são expansivas e se interessam bastante por outras culturas, inclusive se atraem pela experiência de morar fora. Têm facilidade em aprender novos idiomas.

SATURNO NA CASA 9: Pessoas com esse posicionamento costumam ser travadas, é difícil para elas viverem situações inusitadas.

URANO NA CASA 9: Pessoas que se atraem por conhecimentos diferentes e que buscam seu próprio modo de vida. Podem ser resistentes a crenças e valores preestabelecidos pela sociedade.

NETUNO NA CASA 9: Pessoas extremamente intuitivas e perceptivas. Facilmente se sincronizam com o universo. É importante que se mantenham positivas, já que seus desejos se concretizam com facilidade.

PLUTÃO NA CASA 9: Lidam de forma intensa com suas crenças e valores. Podem mudar sua filosofia de vida e o jeito como se relacionam com a espiritualidade radicalmente ao longo dos anos.

CASA 4 E CASA 10 (EIXO DA FAMÍLIA)

Casa 4 / Fundo do céu
Cuidados, demonstração de sentimentos e lembranças da infância
Signo: Câncer / Elemento: água

A quarta casa do mapa astral está vinculada às emoções, pois é a casa de Câncer. Ela fala sobre como reagimos emocionalmente às situações da vida e como lidamos com nossos sentimentos e memórias, inclusive com as lembranças da infância. Claro que o signo aqui presente vai trazer o padrão de ação, mas apenas o autoconhecimento vai definir se a pessoa vai agir com equilíbrio. Por exemplo, quem tem casa 4 em Touro tem o objetivo de ter segurança na vida emocional. Quando esse posicionamento está equilibrado, a pessoa faz boas escolhas, sempre a favor de uma vida tranquila, que diminua os conflitos. Por outro lado, uma pessoa com o mesmo posicionamento, mas em desequilíbrio, pode manter situações complicadas por apego e medo de perder o que tem.

Outro exemplo pode ser Lua na casa 4: em equilíbrio, são pessoas protetoras com seus entes queridos. Em desequilíbrio, esse posicionamento cria pessoas emocionalmente dependentes, apegadas ao passado e a emoções negativas.

Naturalmente, reagimos às coisas de forma emocional dependendo dessa casa. Por exemplo, uma pessoa com Áries na casa 4 vai lidar com a família ou com suas emoções de forma intensa, sendo bem reativa. É uma casa a que precisamos nos atentar todos os dias para viver de forma plena, já que vai trabalhar o filtro do que se torna memória e sensações.

PLANETAS NA CASA 4

SOL NA CASA 4: Pessoas com esse posicionamento costumam ser mais emocionais e introspectivas. São muito conectadas a seus sentimentos, mas por isso podem ficar presas no passado.

LUA NA CASA 4: Pessoas com esse posicionamento são bem emocionais e profundas em relações afetivas ou de amizade. Como são intensas quando se relacionam, da mesma forma como se doam também se magoam facilmente.

MERCÚRIO NA CASA 4: Pessoas que costumam mais ouvir do que falar. São mais tímidas e sensíveis. Como são boas ouvintes, costumam compreender bem as pessoas ao seu redor.

MARTE NA CASA 4: Pessoas com esse posicionamento têm suas ações bem conectadas com seus sentimentos. Também são cuidadosas com seus entes queridos.

VÊNUS NA CASA 4: Pessoas assim dificilmente se entregam emocionalmente. Quando se apaixonam, porém, vivem os relacionamentos com uma entrega total.

JÚPITER NA CASA 4: Pessoas com esse posicionamento têm um grande coração, são afetuosas e sempre há espaço para mais um em seus círculos. É claro que são pessoas agradáveis e cheias de amigos.

SATURNO NA CASA 4: Pessoas com esse posicionamento têm dificuldades em lidar com seus sentimentos. Podem ser travadas, principalmente para se entregar emocionalmente.

URANO NA CASA 4: Pessoas que lidam com seus sentimentos de forma diferente e podem causar estranheza nos outros. Suas emoções também podem fugir do padrão das pessoas ao seu redor.

NETUNO NA CASA 4: São sensitivas e intuitivas. Podem ter uma mediunidade bem avançada e sentir o que vai acontecer no futuro.

PLUTÃO NA CASA 4: Pessoas com esse posicionamento são emocionalmente intensas, podem ter desequilíbrios e explosões. É importante tentarem dominar as emoções.

Casas astrológicas

Casa 10 / Meio do céu

Carreira, sucesso pessoal e êxitos
Signo: Capricórnio / Elemento: terra

A décima casa simboliza o meio do céu: é o auge do mapa astral, como se fosse o topo da montanha da sua vida. É a sua conquista máxima, e deve ser seu ponto de visão do mundo.

A última casa de terra é a casa da realização, que mostra a satisfação pessoal de um indivíduo. Nessa casa cumprimos nosso objetivo de vida. Aqui descobrimos quem realmente somos e o que dá sentido à vida. Assim como a casa 9 é a reflexão final das consequências filosóficas do que foi feito pela pessoa, na casa 10 estão as consequências materiais, por isso está vinculada ao *status* e ao sucesso profissional. Tudo começa pela casa 2, o que a pessoa pensa sobre dinheiro, depois a casa 6, que diz como ela trabalha, e o resultado é a casa 10, o que resultou de todo pensamento e esforço sobre trabalho.

O signo que se encontra nessa casa vai dizer a frequência energética que ambicionamos viver, que muitas vezes pode não estar clara. Conhecer a energia ideal é o ápice da vida, não é algo tão fácil de conseguir. É necessário enfrentar vários medos e dificuldades para ter acesso a esse plano energético.

A casa 10 dá frio na barriga, dá medo de agir e correr atrás. Não é algo tranquilo, é um grande passo para perder a insegurança. É muito comum os planetas da casa 10 não serem acessados pela pessoa, mesmo sendo planetas pessoais. A forma mais simples de dominarmos a energia da décima casa é ativando os planetas vinculados a ela. Poderia dar dezenas de exemplos de clientes, mas vou dar um mais próximo ainda. Tenho Sol em Gêmeos na casa 10. Demorei muito para ter acesso a esse aspecto, principalmente quanto à criatividade, e todas as vezes em que me permiti ser quem eu sou sem medo isso acabou trazendo bastante sucesso material e profissional. Parece fácil, mas ter um aspecto aqui é uma grande pressão para fazer algo incrível, e isso, às vezes, resulta em inércia e estagnação. Por essa razão, é preciso trabalhar bem os aspectos da casa 10: muitas vezes seu maior talento pode ser lido erroneamente como sua pior trava.

PLANETAS NA CASA 10

SOL NA CASA 10: Pessoas com esse aspecto respiram o sucesso. Sua vida só faz sentido quando conseguem ter êxito no que se dispõem a realizar. Podem ter dificuldade de cultivar o amor-próprio quando não estão conectadas com essa energia.

LUA NA CASA 10: Pessoas dedicadas e que se cobram muito para ter êxito profissional. Devem buscar equilíbrio emocional, pois a tendência é ceder a muito estresse.

MERCÚRIO NA CASA 10: Pessoas com esse posicionamento têm a mente voltada para as realizações. Estão sempre pensando sobre como ser mais bem-sucedidas e em formas de ter maior riqueza financeira.

MARTE NA CASA 10: Agem sempre em busca do seu sucesso e têm um grande poder de ação em prol da sua vida profissional. Para isso, são disciplinadas e têm foco.

VÊNUS NA CASA 10: Sentem atração emocional por pessoas bem-sucedidas. Também acreditam ser essencial trabalhar com o que amam.

JÚPITER NA CASA 10: Pessoas com esse posicionamento são facilmente vistas como líderes. Têm facilidade de motivar os outros e de fazer contatos com pessoas que consideram importantes.

SATURNO NA CASA 10: Pessoas que resistem a se sentir merecedoras de sucesso profissional e financeiro. É importante que lidem com suas inseguranças para ter êxito.

URANO NA CASA 10: Pessoas que têm objetivos singulares na vida. Sentem afinidade por áreas profissionais mais alternativas e diferentes.

NETUNO NA CASA 10: Pessoas com esse posicionamento têm verdadeiro faro para o sucesso. Conseguem tudo intuitivamente, basta acreditar nos sinais.

PLUTÃO NA CASA 10: Lidam com a vida profissional de forma intensa. Buscam transformar as pessoas, os setores e os ambientes vinculados à sua área profissional. Podem mudar de carreira e de atitude para atingir o sucesso várias vezes em sua vida.

Casas astrológicas **193**

CASA 5 E CASA 11 (EIXO DO PODER)

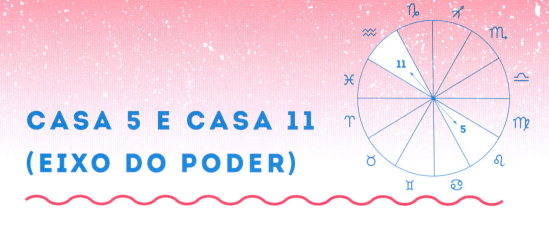

Casa 5
Lazer, diversão e esportes
Signo: Leão / Elemento: fogo

A quinta casa está associada à forma de lidar com os prazeres da vida, indica como uma pessoa vai se sentir leve e tranquila. É essencial compreender essa energia para ter uma vida harmônica e equilibrada. Por incrível que pareça, essa casa acaba sendo o que bloqueia muitos mapas astrais. Para uma pessoa se manter bem consigo mesma, deve ter todas as suas casas equilibradas. Não adianta se dedicar a todas as áreas da vida sem relaxar. Por outro lado, não se pode buscar o prazer como forma de "escapar" das dores da vida.

A casa 5 nos mostra maneiras de aproveitar a vida: é nessa casa que descobrimos se a pessoa gosta mais de degustar um bom vinho num jantar romântico, sair com cinquenta amigos ou virar a noite trabalhando. Cada pessoa tem uma forma de prazer específica e a missão da casa 5 é nos mostrar exatamente isso.

Uma pessoa com Touro nela, por exemplo, sente um enorme prazer em estar em ambientes calmos, com luxo e conforto. Já uma pessoa com a casa 5 em Sagitário gosta mais da ideia de viajar e embarcar em aventuras.

A quinta casa é a casa que libera o mapa astral. Essa casa é essencial para saber se uma pessoa tem maior facilidade para viver em harmonia ou não. Nela, vemos se uma pessoa é bem resolvida, se consegue conviver bem consigo mesma, se sabe se divertir e relaxar ou se é alguém que vive sob forte pressão e bloqueada emocionalmente.

PLANETAS NA CASA 5

SOL NA CASA 5: Quem tem esse posicionamento adora se divertir, são pessoas leves e soltas. Sabem do que gostam, têm necessidade de se expressar e vivem basicamente para ser feliz.

LUA NA CASA 5: Costumam ser divertidas e bem-humoradas. Adoram estar em ambientes positivos e com amigos. São ótimas companhias para sair e se descontrair.

MERCÚRIO NA CASA 5: Pessoas com esse posicionamento no mapa são comunicativas e dominam essa arte rapidamente em suas vidas. Costumam se expressar artisticamente e serem bem criativas.

MARTE NA CASA 5: Pessoas com esse posicionamento agem muito em função de sua felicidade e do lazer. São pessoas mais tranquilas, que sabem o que querem, e não esquentam com os contratempos da vida.

VÊNUS NA CASA 5: Amam atividades de lazer. Gostam de trabalhar com o que amam e também se atraem por pessoas mais descontraídas e divertidas.

JÚPITER NA CASA 5: Pessoas que adoram lidar com pessoas. Têm vários amigos e geralmente são aquelas quem juntam a galera. São alegres e alto-astral, além de terem sorte na vida.

SATURNO NA CASA 5: É comum que as pessoas com Saturno nessa casa bloqueiem toda a sua energia por não saberem ser leves. Podem ter sérias dificuldades em relaxar.

URANO NA CASA 5: Pessoas que se interessam por atividades incomuns. Gostam de roteiros de viagem inusitados ou até mesmo buscam praticar um esporte que não faz parte de sua cultura ou de seu círculo de convivência.

NETUNO NA CASA 5: Pessoas com esse posicionamento são bastante espiritualizadas e intuitivas, as coisas acontecem com grande facilidade para elas, fluem. Costumam se sentir bem conectadas com o que fazem.

PLUTÃO NA CASA 5: Essas pessoas podem buscar diversão intensa ou mesmo atividades de alto risco. É importante uma análise profunda do que é de fato importante na vida.

Casas astrológicas **195**

Casa 11

Sociabilidade, público e amigos

Signo: Aquário / Elemento: ar

Essa casa está relacionada ao social. Como você interage com os outros (colegas de trabalho, escola e faculdade, e com o público em geral). É como a pessoa se conecta com desconhecidos. Uma informação importante é que essa casa faz quadratura com a casa 8, que é justamente a área voltada à intimidade. É naturalmente uma forma de proteção do seu íntimo. Somos propensos a agir socialmente de forma bem diferente da que agimos na intimidade.

Quando algum planeta está nessa casa, há muito mais energias envolvidas. Caso seja algum planeta pessoal, é mais provável que a forma de interagir socialmente não seja tão distinta do comportamento na intimidade. Caso tenha algum planeta interpessoal, em especial Urano, a pessoa se sentirá responsável por alguma causa coletiva.

Para ter êxito social, é preciso harmonizar a energia dessa casa, pois só assim a pessoa se soltará mais e se sentirá plena em relação à sua vida social. Os signos influenciam muito nessa energia: uma pessoa com Virgem na casa 11 prefere se manter mais discreta e cortês em relação às pessoas fora da sua intimidade. Já quem tem Libra nessa casa busca ter boas relações com todos, sendo muito simpática com desconhecidos. Também busca passar uma bela imagem, sempre se arrumando para sair de casa.

PLANETAS NA CASA 11

SOL NA CASA 11: Pessoas com esse aspecto necessitam de vida social, gostam de viver em grupo. Têm inúmeros amigos e se ligam às pessoas com uma enorme facilidade.

LUA NA CASA 11: Pessoas que gostam de fazer amizades e que se conectam com causas sociais. Costumam se importar muito com seus amigos e colegas. Também podem se doar bastante na esfera pública.

MERCÚRIO NA CASA 11: Pessoas que gostam de se comunicar com o público mais do que se envolver intimamente com as pessoas. Podem ser ótimas oradoras e palestrantes.

MARTE NA CASA 11: Funcionam muito bem em grupo. Sabem lidar com pessoas no dia a dia, têm empatia e inclusive sentem um enorme prazer em conciliar situações sociais.

VÊNUS NA CASA 11: Pessoas com esse posicionamento adoram ser vistas como encantadoras. São simpáticas e aparentam ser românticas e cuidadosas com os outros.

JÚPITER NA CASA 11: Pessoas com esse posicionamento são extremamente sociáveis e bem relacionadas. Adoram lidar com gente e podem ser ótimas líderes de causas ou ideias.

SATURNO NA CASA 11: Pessoas com esse posicionamento têm dificuldades em se relacionar socialmente, pois não conseguem compreender o "código social". Precisam desenvolver essa habilidade, até mesmo para obterem maior êxito na carreira.

URANO NA CASA 11: Pessoas que se interessam por mudanças sociais. São sensíveis a dores coletivas e se sentem muito bem quando estão envolvidas com causas sociais.

NETUNO NA CASA 11: Pessoas sensíveis à energia dos outros. Conseguem ser bastante intuitivas sobre seu meio social e sabem como ser amáveis com todo mundo.

PLUTÃO NA CASA 11: Pessoas que lidam de forma intensa com a vida social. Expressam com muita convicção o que acreditam. São pessoas de forte impacto: geram amor ou repulsa nos outros de forma instantânea.

CASA 6 E CASA 12 (EIXO DA DOAÇÃO)

Casa 6
Trabalho, saúde e responsabilidades
Signo: Virgem / Elemento: terra

Essa casa fala diretamente sobre como investiremos nosso tempo de vida neste planeta e, consequentemente, como vamos contribuir para ele. Caso você sinta um vazio, ou uma sensação de que não está sendo útil, certamente sua casa 6 está mal resolvida.

Por vezes, é inevitável associar essa casa com o trabalho. Isso acontece pela nossa dinâmica social, mas você não precisa se limitar a isso: é mais rico e verdadeiro visualizar a casa 6 como o meio pelo qual você colabora com o mundo e como desenvolve seu trabalho para que ele tenha utilidade para as outras pessoas.

É no campo da terra que encontramos nossa missão de vida, nosso real motivo de estarmos neste planeta – e é nas casas de terra que descobrimos todas essas informações. Ela simboliza a forma como agimos diariamente. E é claro que uma pessoa pode agir pelo lado positivo ou negativo. A energia de construção é só o oposto da de destruição, outra faceta que pode estar presente na casa 6.

A leitura dessa casa deve ser feita juntamente com Mercúrio (comunicação), Marte (ação) e Júpiter (posicionamento social). O signo presente nela vai representar a energia que é preciso conquistar para se sentir bem profissionalmente. Os planetas também adicionam informações: alguém com Plutão em Escorpião nessa casa, por exemplo, pode agir de forma intensa. Também pode ter muito medo de iniciar sua carreira e é provável que, com o tempo, enfrente um processo transcendental de mudança constante.

Planetas na casa 6

Sol na casa 6: Pessoas com esse aspecto se dedicam muito ao trabalho e podem ter a autoestima vinculada a ele.

Lua na casa 6: Pessoas organizadas e que se envolvem muito com o trabalho. Podem acabar se deixando abalar emocionalmente por algum ocorrido na vida profissional. São dedicadas e cuidadosas quando amam.

Mercúrio na casa 6: Pessoas com inclinação a falar e pensar bastante sobre seu trabalho e atividades relacionadas. Sentem necessidade de melhorar sempre.

Marte na casa 6: São proativas e fazem tudo para se destacar no trabalho. São ótimas para solucionar problemas que a maioria não teria coragem de assumir.

Vênus na casa 6: Pessoas com esse posicionamento respiram trabalho e precisam trabalhar com o que amam.

Júpiter na casa 6: Pessoas com esse posicionamento são bem expansivas no trabalho. Costumam ser boas líderes e desenvolvem bons relacionamentos com todos à sua volta.

Saturno na casa 6: Tendem a ser bem inseguras. Sentem grande responsabilidade pelo que fazem. É importante exercitar a autoconfiança.

Urano na casa 6: Pessoas que têm uma grande necessidade de inovar na vida profissional. Seguir uma carreira padrão seria terrível. Para ter êxito, é essencial que busquem desenvolver suas aptidões.

Netuno na casa 6: Pessoas com esse posicionamento têm o *feeling* do que vai ou não dar certo. Podem até duvidar desses dons naturais inicialmente, mas, quando os desenvolvem, percebem que são privilegiadas.

Plutão na casa 6: São bem intensas em relação à vida profissional. Podem demorar para entrar no mercado de trabalho, porém, quando entram, são bem competitivas. Lidam com sua carreira como a coisa mais importante de sua existência neste planeta.

Casa 12

Espiritualidade, cuidados emocionais e conexões intensas
Signo: Peixes / Elemento: água

Essa casa indica como lidamos com o oculto, com a energia sutil, com a espiritualidade. Como nos conectamos com o planeta e com as outras pessoas. Aqui compreendemos a forma como alguém lida com seu pertencimento à existência. Quem tem grandeza nessa casa acaba por ter êxito em absolutamente tudo na vida.

Sendo a última casa de água, a décima segunda casa é o reflexo dos processos com a quarta e a oitava casas: na quarta casa, de Câncer, conhecemos nossas emoções, como reagimos às coisas, o que sentimos sobre as situações que acontecem, como guardamos as memórias do que foi importante e jogamos fora o que não é importante. Já com a casa 8, de Escorpião, aprendemos a lidar com o todo das nossas memórias e com sentimentos mais sólidos: o próprio inconsciente. Na casa de Peixes, por sua vez, vamos compreender a nossa conexão total com o universo.

Os signos nessa casa indicam a forma de se conectar, de se doar à vida. Mostram como cada indivíduo se entende pertencente ao universo. Pessoas com essa energia desequilibrada podem ser céticas ou fanáticas religiosas; em ambos os casos, estão em desarmonia com o universo. Pessoas com o signo de Peixes nessa casa, ou seja, em seu domicílio natural, serão entregues à vida e otimistas, apenas confiam que tudo vai dar certo. Já pessoas com Leão na casa 12 conectam-se com o mundo pela sua generosidade e seu autoconhecimento. Quem tem Libra nessa casa busca ter harmonia com o universo e com as leis naturais. Já pessoas com Touro nela gostam de proporcionar conforto aos outros.

Muitas pessoas podem falar que é a casa da espiritualidade, mas, para mim, tudo é espiritualidade, se analisarmos de forma plena. Conhecer uma pessoa nova, doar-se aos outros, respeitar as pessoas: tudo tem ligação com as crenças que carregamos sobre nós mesmos. Quando nos conectamos com nossa própria natureza, as coisas acontecem com maior naturalidade, com mais espontaneidade. Quem não consegue respeitar alguém ou age com crueldade certamente acredita que o mundo é assim consigo e recebe isso do universo.

PLANETAS NA CASA 12

SOL NA CASA 12: Pessoas com esse aspecto são mais introspectivas e observadoras. Tendem a evitar conflitos e lidam com as adversidades da vida com paciência e tranquilidade.

LUA NA CASA 12: Pessoas que gostam de se entregar às emoções e à espiritualidade. Querem se conectar com o mundo e com os outros e viver o amor. Em momentos negativos, podem ser excessivamente melancólicas e negativas.

MERCÚRIO NA CASA 12: São bons ouvintes e conseguem compreender as informações de forma mais holística.

MARTE NA CASA 12: Pessoas que agem sempre com o intuito de ajudar os outros. Suas ações estão bastante conectadas com suas emoções, por isso buscam agir de acordo com o que sentem.

VÊNUS NA CASA 12: Pessoas com esse posicionamento se entregam totalmente quando se relacionam afetivamente, porém são mais introspectivas e podem não demonstrar muito os sentimentos.

JÚPITER NA CASA 12: Pessoas que adoram ajudar os outros e são conhecidas como generosas. Por esse motivo acabam sendo pessoas de sorte, e todos ao seu redor adoram ajudá-las em suas conquistas.

SATURNO NA CASA 12: Pessoas propensas a ter um bloqueio no fluxo de energia da vida. Por isso podem ser pessoas travadas e ter dificuldade de doar e de receber.

URANO NA CASA 12: Lidam bem com as dificuldades da vida, em harmonia com suas próprias percepções. Caso estejam em desequilíbrio, podem ser bem confusas e perturbadoras.

NETUNO NA CASA 12: Pessoas com esse posicionamento são bem receptivas e sensíveis. Podem ter vários dons voltados à mediunidade. São pessoas com mais percepções sutis que os outros.

PLUTÃO NA CASA 12: Pessoas que lidam com a espiritualidade de forma intensa. Podem transformar suas crenças e formas de doação várias vezes durante a vida.

ASPECTOS

Agora que já falamos muito sobre a energia de cada signo e de cada planeta, e também das casas astrológicas, chegou a hora de abordar o lado (ainda) mais matemático da astrologia: os aspectos. Os aspectos são os ângulos entre cada planeta posicionado no mapa astral. Assim como tudo na astrologia, há aspectos muito positivos, que trazem boas energias, e aspectos mais desafiadores, mas que sempre nos fazem crescer.

204 Conjunção, ou Stellium
206 Oposição
208 Quadratura
210 Trígono
212 Sextil

conjunção — oposição — quadratura — trígono — sextil

CONJUNÇÃO, OU STELLIUM

A conjunção, ou Stellium, é o aspecto em que vários planetas compartilham da mesma energia de um signo ou de uma casa. Esse aspecto tem várias leituras possíveis, pois, além da casa, depende muito da combinação planetária existente. Compreender esse aspecto é primordial para conseguir fazer uma boa leitura do mapa astral. Dois planetas presentes na mesma casa já constituem uma conjunção, pois confere uma energia forte àquela casa. No entanto, é necessário compreender que algumas características se somam e outras se anulam, como é o exemplo de Júpiter em conjunção com Saturno. Como vimos, cada planeta tem uma energia própria: Júpiter confere uma grande facilidade e Saturno uma grande dificuldade em lidar com aquela área. É como se os aspectos dessa área acabassem por se equilibrar.

É necessário fazer uma matemática das energias sutis. Por exemplo, quem tem Sol, Marte e Vênus em um mesmo signo é uma pessoa com energia vital, energia de ação e energia afetiva alinhadas, previsível na forma de lidar com essas áreas. Só esse aspecto já traz características muito diferentes das de quem não tem essa conjunção.

Outro caso é quando alguém tem aspectos interpessoais em conjunção com aspectos pessoais. A pessoa terá certos problemas para lidar consigo mesma, pois pode se confundir muito com o meio. Uma pessoa com Urano em conjunção com o Sol pode se envolver em causas como se isso fosse sua própria vida, por exemplo. Quem tem aspectos pessoais em conjunção com interpessoais precisa fazer um trabalho ativo de autoconhecimento para conseguir equilibrar suas energias.

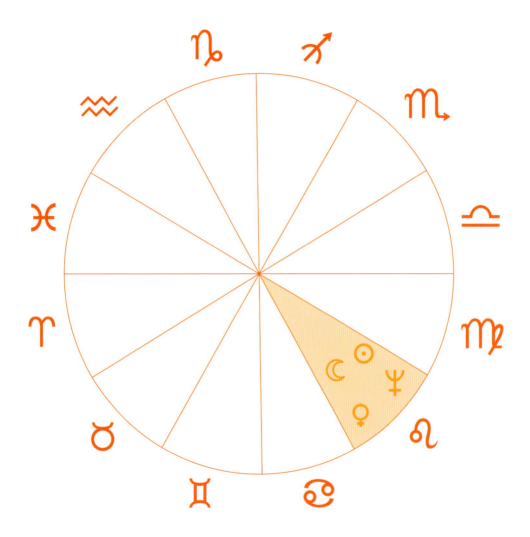

EXEMPLO DE MAPA COM CONJUNÇÃO, OU STELLIUM

OPOSIÇÃO

A oposição é caracterizada quando dois planetas se encontram posicionados em um ângulo de aproximadamente 180°, ocupando as posições dos signos opostos. Isso significa que, na interação entre esses planetas estão colocadas formas bem diferentes, quase contrárias, na verdade, de lidar com aspectos distintos da vida.

ÁRIES E LIBRA – EIXO DA JUSTIÇA

Áries e Libra estão propensos a manter a harmonia na vida. Áries vai buscar agir de forma mais agressiva, enquanto Libra vai agir de forma mais diplomática. Entenda que precisamos das duas energias na vida, por esse motivo temos as duas casas no mapa astral. Quem tem planetas em um desses signos, ou nos dois, no seu mapa, é uma pessoa bastante interessada no que é justo. Vai pensar muito sobre a sociedade. É bem comum, inclusive, que pessoas da área do direito tenham planetas ou casas de terra nesse posicionamento.

TOURO E ESCORPIÃO – EIXO DA VIDA

Esses signos estão relacionados a energias de base da vida, fortemente vinculados ao sexo. Esse eixo no mapa astral está muito ligado às áreas sobre as quais buscamos ter controle e segurança. Planetas nesse eixo conferem sucesso, independentemente do signo em que se encontram.

Gêmeos e Sagitário – Eixo do conhecimento

No eixo do conhecimento, temos duas energias: o conhecimento prático, técnico e científico atribuído a Gêmeos e o conhecimento espiritual, filosófico e religioso atribuído a Sagitário. Planetas nesse eixo vão querer realizar essa energia, buscando sempre um maior domínio nessas áreas. São movidos a aprender com as experiências.

Câncer e Capricórnio – Eixo da família

Os signos do eixo da família são mais seguros e estáveis. Câncer é cuidadoso e Capricórnio é provedor. Planetas em um desses signos vão dar à área uma ação focada e dedicada. Existe a tendência a ser mais conservador e buscar sempre o lugar onde há mais segurança. Os signos desse eixo tendem a dar certa discrição e tranquilidade ao aspecto.

Leão e Aquário – Eixo do poder

Esse é o eixo do poder, com o qual podemos aprender as formas de influência. Leão influencia de duas maneiras: a primeira é com seu brilho natural e a segunda com sua força e poder. Já Aquário influencia pelas ideias, pela inovação e pelo senso de coletividade. São duas formas bem diferentes de encarar a vida. Esse é o eixo em que os polos têm as características mais diferentes para agir com o poder. Aquário influencia por ser "um de nós" e Leão por algum nível de superioridade ou autoridade.

Virgem e Peixes – Eixo da doação

Ambos os signos desse eixo têm uma forte característica em comum que é a doação. Virgem se doa pelo trabalho e pelas realizações práticas e Peixes se doa emocionalmente. Ambos sentem um enorme prazer em se entregar nas áreas em que atuam. São sensíveis e gostam de se sentir úteis. Para o aspecto em que esses signos se encontram não será diferente: em cada planeta vão se doar e se entregar de acordo com as características de tal planeta.

QUADRATURA

O aspecto da quadratura significa um conflito, formas diferentes de lidar com a mesma energia, mas com polaridades diferentes. É um aspecto de 90°. Os signos que vão determiná-lo são da mesma qualidade astrológica (fixo, cardinal e mutável).

Preste atenção às quadraturas de um mapa astral: como fala de conflitos, este é considerado um aspecto desafiador, que dificulta e traz amarras à vida.

Um exemplo: pessoas com Sol em quadratura com o ascendente acabam tendo certo conflito entre o seu eu interior – o que são de verdade, em sua essência – e o que querem mostrar ao mundo – a mensagem que querem passar, como desejam ser vistas. Com isso, elas podem se sentir confusas sobre como se posicionar e em relação ao que verdadeiramente são. É um conflito de identidades. Novamente, reforço que a astrologia tem como papel apontar tendências, e tudo faz parte de um grande exercício de transformação. Portanto, fique atento às quadraturas de um mapa astral, pois trabalhar as áreas "difíceis" pode ser o primeiro passo para o despertar de um grande potencial. Vejamos Sol em Quadratura com Urano, por exemplo. Esse aspecto sinaliza que a área que a pessoa busca revolucionar em sua vida não possui muita ligação com sua motivação vital. É importante equilibrar as energias e refletir com cautela para não se esgotar em uma área em que na verdade não há tanto interesse e se dedicar ao seu verdadeiro chamado.

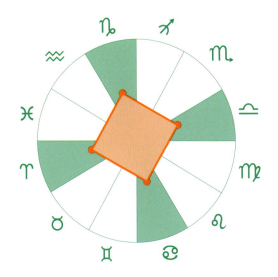

QUADRATURA CARDINAL

QUADRATURA FIXA

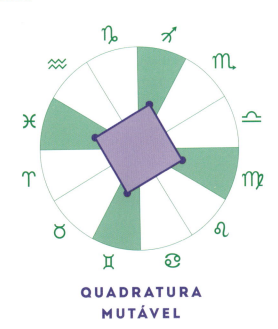

QUADRATURA MUTÁVEL

Aspectos 209

TRÍGONO

O trigono ocorre quando dois ou mais planetas estão em signos do mesmo elemento, ou seja, posicionados em um ângulo de aproximadamente 120°.

Assim como a conjunção, esse é um aspecto dito positivo, que faz a energia fluir, somando as energias em questão. Vamos aos exemplos práticos:

Alguém que tiver Lua em trígono com Marte agirá (energia de Marte) de maneira coerente com seus sentimentos (energia da Lua). Como é um aspecto positivo, há uma vitalidade, uma força emocional para fazer o que tem de ser feito. A pessoa se torna um verdadeiro líder carismático.

Já se os elementos que estiverem em trígono forem Saturno e o ascendente (afinal, a posição do ascendente também entra na conta dos aspectos), sua forma de agir será coerente com seus receios, simbolizados pela energia de Saturno.

Logicamente, como em tudo na astrologia e no mapa astral, a análise de um aspecto não deve ser feita isoladamente de todos os outros fatores.

TRÍGONO EM AR

TRÍGONO EM TERRA

TRÍGONO EM FOGO

TRÍGONO EM ÁGUA

Aspectos **211**

SEXTIL

O sextil é um aspecto formado entre dois ou mais planetas em signos da mesma polaridade (lembra-se das polaridades, sobre as quais falamos na p. 27?). O ângulo em que esses planetas (e o ascendente) se encontram é de 60°.

Como é um aspecto entre signos da mesma polaridade, sua energia é positiva: os planetas que o formam se harmonizam de forma a fazer as energias fluírem de um jeito positivo. É quase como se os planetas se dessem as mãos e se ajudassem, compartilhando as energias entre si.

É disso que surge a energia da reverberação: uma pessoa com Lua e Mercúrio num aspecto de sextil se comunica reverberando seus sentimentos e pode ter mais facilidade nesse setor da vida mesmo que outras partes do mapa astral possam dizer o contrário.

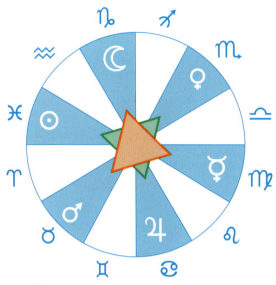

**ÁGUA E TERRA
SEXTIL NEGATIVO**

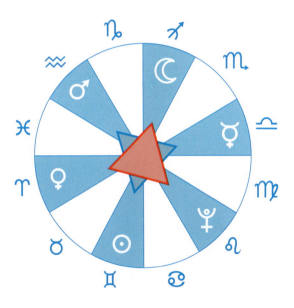

**AR E FOGO
SEXTIL POSITIVO**

Aspectos

Cada estação do ano se inicia, estabiliza-se e vai se transformando em outra. Pronto, se você entendeu o ciclo das estações do ano, também vai compreender que o cardinal inicia, o fixo estabiliza e o mutável transforma.

Tabela de polaridades, elementos e qualidades astrológicas

Polaridade		Positiva		Negativa	
Elemento		Fogo	Ar	Terra	Água
Qualidades	Cardinal	Áries	Libra	Capricórnio	Câncer
	Fixo	Leão	Aquário	Touro	Escorpião
	Mutável	Sagitário	Gêmeos	Virgem	Peixes

Até aqui você já percebeu que cada um dos doze signos do Zodíaco tem combinações diferentes dessas três características, que lhe atribuem configuração própria, com influências diferentes.

Capricórnio é negativo, cardinal e de terra.
Leão é positivo, fixo e de fogo.
Gêmeos é positivo, mutável e de ar.
Câncer é negativo, cardinal e de água.

Como você pode ver, as características se misturam e se repetem, criando ciclos e padrões perfeitos. Isso é a astrologia. Em um mapa astral, estão todos os padrões energéticos da Terra, o que o torna um mapa energético pessoal. São energias tão intrínsecas que não é possível modificá-las. É o que nos faz dizer que uma pessoa é enérgica como o fogo ou tem os pés no chão como alguém da terra.

As características básicas

Cardinal

Os signos cardinais (Áries, Câncer, Libra e Capricórnio) iniciam as estações do ano, ou seja, eles têm a energia do início. São proativos, líderes e sabem convencer as pessoas.

Fixo

Os signos fixos (Touro, Leão, Escorpião e Aquário) estabilizam a energia. São fortes e focados.

Mutável

Os mutáveis (Gêmeos, Virgem, Sagitário e Peixes), por sua vez, dispersam a energia, mesclam-na com a da próxima estação, são adaptáveis e precisam de constante movimento.

QUALIDADES

As qualidades astrológicas nos revelam muito sobre o funcionamento dos signos, e essa é a principal maneira de entender como eles representam as bases da vida e os ciclos na natureza terrestre. Tudo acontece de acordo com as estações do ano, certo?

Há três qualidades astrológicas: os signos podem ser cardinais, fixos ou mutáveis.

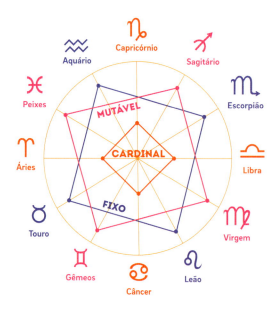

Negativa
Têm polaridade negativa os signos de terra e de água.

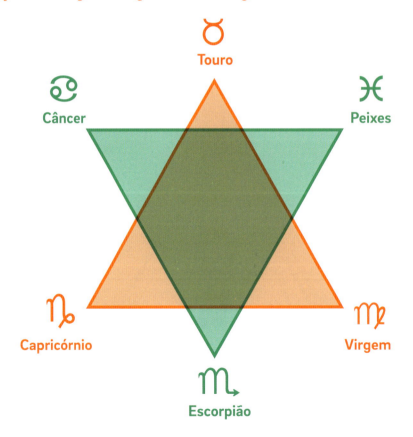

negativa demais, a estabilidade pode ser perseguida a todo custo, impedindo qualquer possibilidade de progresso. Novamente, todo desequilíbrio é ruim para o indivíduo e para o coletivo.

Positiva

Têm polaridade positiva os signos de fogo e de ar.

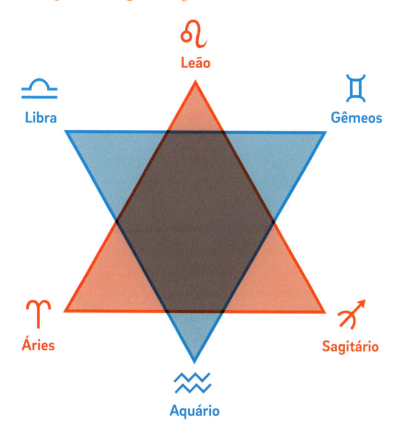

POLARIDADES

Temos duas energias no planeta: uma negativa e outra positiva. E, apesar do juízo de valor que essas palavras carregam em outros contextos, aqui elas são como as cargas de uma bateria: não há uma melhor que a outra, são apenas diferentes. Ou ainda, mantêm uma relação de oposição.

A polaridade negativa busca a preservação, a conservação da Terra, da vida e da família. As pessoas que tendem para essa polaridade costumam ser mais conservadoras, em todos os sentidos da palavra.

Já as de polaridade positiva buscam mudanças, novas maneiras de agir e de pensar, outros modos de viver.

Para que a vida siga bem, é preciso que essas energias estejam equilibradas, seja no plano coletivo, seja no plano individual. Uma pessoa com demasiada energia positiva pode perder a noção da realidade e agir de forma inconsequente, prejudicando a si mesma e aos outros. Por outro lado, alguém com muita polaridade negativa pode ser pessimista e inerte, reclamando sobre como tudo era melhor antigamente, que seus valores são melhores que os dos outros.

Na escala de uma comunidade, muita energia positiva pode ser "revolucionária demais". A sociedade pode perder a base em que está estabelecida, que também tem importância, havendo quebra na economia, destruição dos recursos naturais e outras rupturas prejudiciais aos indivíduos e grupos. Se a sociedade tiver energia

Signos de água
Câncer, Escorpião e Peixes

Se você for como a água, irá se adaptar a tudo. Água cabe em copo, rio, mar, cubo de gelo… Pessoas desse elemento se ajustam a qualquer circunstância. Tão adaptáveis quanto emocionais, são os nativos dos signos de Câncer, Escorpião e Peixes que dão movimento às coisas, que fazem o ciclo da vida continuar. Enxergam além da realidade, têm uma conexão mais profunda com a natureza das coisas, são guardiões de segredos a que os signos de outros elementos não têm acesso. E exatamente por isso podem ser taxados de muito distraídos, sonhadores, sensíveis. Sua imaginação realmente pode levar a lugares distantes. Apesar de gostarem de rotina, conseguem lidar tanto com rupturas drásticas como com pequenas mudanças. Costumam ser amáveis, mas também podem ser instáveis.

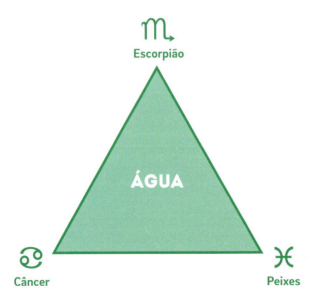

Signos de ar
Gêmeos, Libra e Aquário

As pessoas que nasceram com esse posicionamento astrológico são como o ar: leves e impossíveis de prender... Gêmeos, Libra e Aquário pouco se parecem em termos de personalidade. Sua maior semelhança é a leveza com que levam a vida e o desprendimento em relação a pessoas, pensamentos e até mesmo a lugares. Podem migrar constantemente, buscando experimentar coisas novas e nunca se fixar, vivendo a vida como se ela fosse apenas uma grande viagem e o único momento, o agora. Por outro lado, como vivem no mundo das ideias, sempre vislumbram o futuro ao mesmo tempo que refletem sobre o presente e tentam ignorar o passado. Outro traço típico dos signos de ar é a necessidade de liberdade. Viver sem amarras, como os pássaros que voam ao fim da tarde, aproveitando o pôr do sol, como se fosse, ao mesmo tempo, o último e o primeiro das suas vidas.

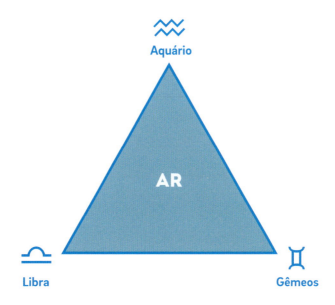

Signos de terra
Touro, Virgem e Capricórnio

Os terrenos, nativos desse elemento, são como árvores: nascem, florescem, criam frutos; seus frutos geram sementes, que geram novas árvores, que geram novos frutos, que geram novas árvores... Eles dão continuidade, levam a sabedoria da existência e do crescimento. Sabem naturalmente a hora certa das coisas acontecerem, vivem totalmente conectados ao plano terrestre. São parte da Terra, se adaptam mais facilmente às leis deste planeta. Lidam melhor com a matéria, sabem gerenciar melhor seus recursos financeiros e compreendem intuitivamente o valor da família. Pessoas de terra buscam segurança, um "ecossistema" autossustentável para viver, um lar, uma vida confortável materialmente e um amorzinho para chamar de seu. Apreciam mais os prazeres mundanos, a comida e os prazeres naturais, e compreendem que, para a vida se manter boa, é necessário gerenciar os recursos.

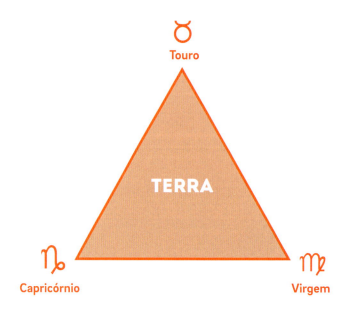

Signos de fogo
Áries, Leão e Sagitário

O fogo ilumina, queima e arde. É forte e gerador de energia. O fogo do Sol nos faz enxergar, todos os dias, como são as cores, as pessoas, o plano físico, as dimensões. E a missão de quem é de um signo de fogo não é diferente: são pessoas verdadeiras, diretas, enérgicas. Movem o ambiente, falam o que pensam na cara e quando descobrem que estão erradas não têm vergonha de voltar atrás e pedir desculpas. No entanto, se estão certas, mantêm sua opinião até o fim. O fogo é isso: movimento, energia, força, coragem, sinceridade, carisma, luz... Pessoas de fogo trazem alegria, iluminam nossa vida e mostram o real valor das coisas. Vivendo ardentemente todos os dias, sofrem e se alegram como se o agora fosse a única coisa que existe.

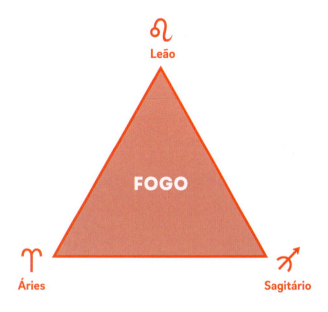

ELEMENTOS

A astrologia divide os doze signos do Zodíaco em quatro elementos, que agrupam signos com características semelhantes.

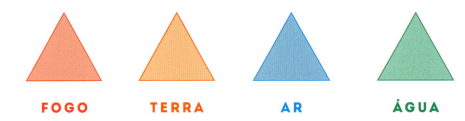

FOGO   TERRA   AR   ÁGUA

Equilíbrio no mapa astral

Para um mapa astral ser considerado equilibrado, cada elemento deve aparecer mais ou menos na mesma medida na mandala astrológica. Caso a pessoa tenha mais de um elemento que de outro, ou mesmo um mapa em que predomine apenas um elemento, deve interagir com outros meios e buscar fora de si mesma essa "energia que falta" para se sentir mais completa.

AS CARACTERÍSTICAS BÁSICAS

Até agora falamos sobre o significado de um mapa astral e a conexão da astrologia com a natureza. Para perceber como se dá a interação entre os vários fatores que compõem um mapa e, assim, compreender a astrologia, é preciso entender as características energéticas dos signos. São elas: elementos, polaridades e qualidades.

21 ELEMENTOS	**27 POLARIDADES**	**31 QUALIDADES**
22 Signos de fogo	28 Positiva	32 Cardinal
23 Signos de terra	29 Negativa	32 Fixo
24 Signos de ar		32 Mutável
25 Signos de água		

CONCLUSÃO

Parabéns, ser humano!

Se você chegou até aqui, entrou em contato com partes do seu ser que talvez jamais tenha parado para questionar antes. E, de quebra, aprendeu muito sobre a astrologia e sobre a arte de se ler um mapa astral.

Essa é a beleza da astrologia, esse conhecimento antigo e profundo. Ela é um convite à reflexão sobre as diversas maneiras de se encarar a vida, uma oportunidade para autorreflexão, um exercício de empatia.

Como você aprendeu lendo este livro, o mapa astral é a faceta mais pessoal da astrologia. Para fazermos sua análise precisamos compreender cada aspecto e nos conectar a todos eles. Precisamos compreender as energias da Terra para as trabalharmos. Assim, a astrologia é a arte de combinar as energias. A arte de compreender como as energias se materializam em ações.

Só o autoconhecimento nos permite domar nossos instintos e decidir, então, que tipo de pessoa queremos ser. Por fim, a mensagem que desejo transmitir é que não importa que tipo de energias influenciam o nosso mapa natal – ou qualquer outro mapa, como o de trânsitos ou o de sinastria. De qualquer forma, conhecer essas energias é o primeiro passo para ganharmos certo controle sobre elas e, finalmente, nos permitiremos ser quem somos e transcender.

Espero que este livro o tenha ajudado em sua jornada,

Carol Vaz

Compartilhe a sua opinião
sobre este livro usando a hashtag
#PapoAstral
nas nossas redes sociais:

 /EditoraAlaude
/EditoraAlaude
 /AlaudeEditora